21世纪什么最珍贵？人脉！

任何事情要取得成功，80%要依靠别人的帮助。

打造给力的人脉圈

CREATE PERFECT CONTACTS

坐看云起◇编著

中国城市出版社
·北京·

图书在版编目（CIP）数据

打造给力的人脉圈 / 坐看云起编著. —北京 ：中国城市出版社，2012.6

ISBN 978－7－5074－2609－0

Ⅰ. ①打… Ⅱ. ①坐… Ⅲ. ①人际关系学－通俗读物 Ⅳ. ①C912.1－49

中国版本图书馆 CIP 数据核字(2012)第 126274 号

责任编辑　张惠平
封面设计　彩奇风书籍设计
责任技术编辑　张建军
出版发行　中国城市出版社
地　　址　北京市西城区广安门南街甲 30 号(邮编:100053)
网　　址　www.citypress.cn
发行部电话　(010)63454857　63289949
发行部传真　(010)63421417　63400635
总编室电话　(010)68171928
总编室信箱　citypress@sina.com
经　　销　新华书店
印　　刷　北京建泰印刷有限公司
字　　数　230 千字　印张 17
开　　本　710×1000(毫米)　1/16
版　　次　2012 年 6 月第 1 版
印　　次　2012 年 6 月第 1 次印刷
定　　价　32.00 元

前言

一个人一生会有很多个朋友，也会有很多种朋友，有的朋友可以同生共死，有的朋友可以患难与共，也有的只能在一起吃喝玩乐。人的一生中会有各种各样的风风雨雨，面对这些风风雨雨，我们除了需要家庭的默默支持，也需要朋友在前进的道路上互相搀扶。朋友是我们人生中的宝贵财富，是必不可少的。

然而人与人是不一样的。也许有的人平易近人，很好结交，而有的人却拒人于千里之外。遇到那些不太容易打交道的人，你应该怎么办呢?

这就需要用到“人脉”的哲学了。

人脉，直白地说就是人与人之间交往、交际，进而建立稳固交往的人际关系。因为人是群体性的动物，所以必须学会在人群中生活。不管你的个性多么古怪，你都要有一个属于自己的人际关系网络，你的人际关系的好坏决定了你在这个社会中地位和威望。

人一旦进入了社会，有了利害关系，就难免因为利益钩心斗角，互设圈套。仅仅只是在职场这个小社会里，人际关系就已经很复杂了。我们常常看到有很多人设下陷阱，又有很多人掉下陷阱。这就充分向我们展示了人际关系的重要性与复杂性。

如果你能够处理好职场上的各种人际关系，势必会让你的工作开展起来事半功倍。而对于那些在职场打拼多年却仍然一事无成的人来说，就更应该学习如何处理好职场那复杂的人际关系，做到有目的地交朋友、见什么人说什么话，这能让你在职场左右逢源，为你的事业锦上添花。

要处理好人际关系很重要的一点就是，在各个方面不断提高完善自己，多为别人着想，从别人的角度看问题。这样才能够维护好自己的人脉圈，丰富自己的人脉资源。

一个人，从初入社会开始他的第一份工作，一直到自己的事业开枝散叶、发展壮大，处处离不开人脉资源的协助。很多在社会上摸爬滚打了很多年的“老油条”都奉“人脉就是财富，有义就有利”为金科玉律。他们善于把握和利用各种社会资源，最终达到财源广进、名利双收的目的。

人脉是一个人事业成功非常重要的潜在条件。没有丰富的人脉关系网，无论在什么领域、从事什么行业，都将举步维艰。人脉越宽，路子就越宽，事情也就越好办。一个优秀的人，往往能影响自己身边的人。好人脉是成大事者最重要的因素，也是必备的条件。

换句话说，就是你的人脉关系网越丰富，你事业飞黄腾达的可能性也就越大。别人办不了的事情，你可能一个电话就非常圆满地解决了。反之，你费了九牛二虎之力都解决不了的问题，却有人能轻轻松松地搞定。归根到底，创建有效的、丰富的人脉关系网才是你通往成功的捷径。很多善于经营人脉的人都很精明，他们的精明是一种睿智。

人脉资源越丰富，赚钱的门路也就更多；你的人脉档次越高，你的钱就来得越快、越多。这已经是有目共睹的事实！经营人脉可是门大学问，并不是喊几句口号、发几次誓就可以实现的。经营人脉，要有比较高的思想道德品质、心理素质、知识素质、能力素质甚至身体素质以及良好的沟通能力。

人脉资源网是一种潜在的无形资产，是一种潜在的财富。表面上看来，它不是直接的财富，可没有它，就很难聚敛财富。不是吗？

目录

人脉即财富命脉

第一章

自从你来到世上，你身边的一系列社会关系就像一层层巨大的网紧紧地将你包围。也许你会感觉到被束缚得很不自由，很羡慕那些身上没有几层网的人，觉得他们活得很轻松，很自由。但是，到了关键时刻你会发现，束缚自己的一层层网时而变成你开疆拓土的利器，时而变成让你免遭伤害的保护伞。

你游刃有余地运用着自己的网，在成功的路上大步前进，回头看看曾经羡慕的那些人利用有限的网勉强支撑的时候，突然又羡慕起那些比你的网更多，被网束缚得更紧的人来。

这一层层的网实质就是人脉!

有人曾言：“人脉是永恒的潜力股！”

也有人说：“人脉是一个人通往财富、成功的门票。”

……

一句话：“人脉就是财富命脉！”

人脉是一个人事业成功非常重要的潜在条件。没有丰富的人脉关系网，无论在什么领域、从事什么行业，都将举步维艰。

中国人比较注重人情，平时关系好，人脉广，关键时候办什么事情都方便。反之，则可能遇到这样那样的麻烦。

有的人忙活了半天，时间、精力没少花费，还不如有的人一句话、一顿饭管用。

所以创建丰富、有效的人脉网，才是成功的捷径。

第一节　人脉助你青云直上

人脉资源是一种潜在的无形资产，是一种潜在的财富。表面上看来，它不是直接的财富，可没有它，就很难聚敛财富。不是吗？即使你拥有很扎实的专业知识，而且是个彬彬有礼的君子，还具有雄辩的口才，却不一定能够成功地促成一次商谈。但如果有一位关键人物协助你，为你开开金口，相信你的出击一定会完美无缺，百发百中！

人脉资源越丰富，赚钱的门路也就更多；你的人脉档次越高，你的钱就来得越快、越多。这已经是有目共睹的事实！

一、人脉，让你收获得更多

《红楼梦》中，薛宝钗曾写下《咏絮词》，其中有一句是："韶华休笑本无根，好风凭借力，送我上青云。"这句词的意思说，柳絮虽然无根，虽然轻微，一旦被一阵好风送上青云，那么柳絮就变得与众不同。

好风就是柳絮的人脉！

这世上的人，大多人微言轻，渺小如柳絮，所以世人常慨叹："成功，难啊！"

真的难吗？不，你只是差"好风"助你青云直上！

比尔·盖茨曾经说："在我的事业中，我不得不说我最好的经营决策是挑选人才，拥有一个完全信任的人，一个可以委以重任的人，一个可以为你分担忧愁的人。"

看到这句话，有人会质疑，难道只用三个人就可以支撑起微软这个庞大的王国吗？当然不是，我们也许只是看到了面前的三个人，而精明的比尔·盖茨先生看到的是他们价值的N次方。

斯坦福研究中心曾经发表过一份调查报告，指出：一个人赚的钱，12.5%来自知识，87.5%来自关系。有了人脉，你的时间、智慧、能力就会被放大到原有基础的N次方，这样的你，能不成功吗？

一个美国富翁，有10个儿子，拥有1000万的财产。富翁最钟爱的是小儿子费拉克？梅维尔。临终前，富翁将他的几个儿子叫到了床前，对9个哥哥说："你们每人100万美元！"

父亲接着又对费拉克说："现在我只剩下100万了，还须从中拿出10万来做我的丧葬费，40万元捐给福利院，我只能给你50万，不过，我有10个朋友，准备都给你，他们比金钱好得多。"

费拉克和9个哥哥听完后都非常吃惊。当确信父亲的话明白无误时，9个哥哥心中一阵暗喜，齐声说："就这么分吧！"费拉克也沮丧极了，只是慑于父亲的威严和哥哥的赞同，他不能表示异议。富翁就这样将自己的财产顺利地分给了10个儿子。

几天后，父亲把他的10个朋友一一介绍给了费拉克。他们都是父亲生意场中往来多年的老朋友。

不久，富翁死了，几个儿子很快挥霍掉了父亲留给他们的钱。费拉克也是如此。当他窘迫时，他想起了父亲介绍给他的朋友。于是，费拉克将他们请到了家中，希望他们能给他一些帮助。

父亲的10个朋友非常愿意帮助他，但没有直接给费拉克金钱，而是每人给了费拉克一头怀孕的牛，还告诫费拉克如何从这10头母牛起家：母牛产下小牛，再变卖小牛，用卖小牛的钱做生意。

费拉克遵从父亲朋友的教导，用卖小牛的钱与他们做起了生意。在生意上，10个朋友给费拉克提供了许多方便，还将宝贵的商场经验传给了费拉克。费拉克的生意越做越大，财富便像雪球一样迅速累积起来。费拉克的哥哥们将遗产挥霍掉后，也各自做起了小生意，但缺少生意上常往来的朋友，全要靠自己开辟新的贸易伙伴，加之经验不足，生意大都不顺。

仅仅过了几年，费拉克的财富就远远超过了他的哥哥。后来，费拉克比当年的父亲还要富有。直至这时，哥哥们才明白父亲那样分配遗产的用心。

这是一个真实的故事，这个费拉克就是美国巨商费拉克·梅维尔。

费拉克·梅维尔曾经意味深长地说："我父亲告诉过我，朋友比世界上所有的金钱都珍贵，朋友比世界上所有的财富都恒久。这话一点也不错。"

现在的社会，从一定意义上说，竞争的就是人脉。一个人的能力毕竟有限，人脉高手可以利用丰富人脉资源，左右逢源，四通八达。对于他们而言，这个世界就没有办不到的事。你解决不了的事情我可以找别人，领导解决不了的事情可以找领导的领导，朋友帮不上忙可以找朋友的朋友，反正最终目的只有一个，那就是把事情办成。

没有人脉，只能是一分耕耘，一分收获。但若加上人脉，我们将是一分耕耘，数倍收获！

世人常感叹："机会，可遇而不可求。"

一个机遇千金难买，但世上成功的人大有人在，面对这些成功人士，我们也许会说："那还不是因为他的机遇好！"事实也确实如此，但是当你抱怨机会不光临你时，你是否想过："为什么他的机遇好？"难道是上帝偏心？当然不是。机遇对任何一个人都是公平的，不同的是你的人脉。

张朝阳先生现任搜狐公司董事局主席兼首席执行官，与王志东、丁磊并被称为"网络三剑客"。他早年的经历，告诉我们一个道理：人脉宽了，机遇自然就多了！

1993年，张朝阳获得麻省理工学院博士学位。

1996年5月，张朝阳开始筹备自己的公司。首先，他找到了麻省理工学院的教授爱德华·罗伯特，一位很富有的风险投资家。张朝阳想说服罗伯特投资自己构想的公司，他在麻省读书时，和罗伯特就是很好的朋友。出于风险考虑，罗伯特说："你这个人说服力很强，我愿意考虑考虑，但有一个条件，就是你得说服其他人向这个公司投钱，光我一人投资，风险太大。"

罗伯特愿意投钱，因为他对中国比较好奇，另外也觉得张朝阳这个人比较可靠。本来张朝阳的想法还不太明朗，但罗伯特的表态，让他更坚定了在中国创业的信心。

1996年7月，张朝阳正式开始了在美国的融资历程。这次他不仅与罗伯特商谈，还找到了其他风险投资家，这里面包括尼葛洛·庞蒂。庞蒂是硅谷出色的风险投资家。

9月份，当他再次遇到尼葛洛·庞蒂时，他们只谈了十分钟，但在这十分钟里，张朝阳抓住机会，和尼葛洛·庞蒂交上了朋友。谈话结束后，尼葛洛·庞蒂对张朝阳说："我在伦敦有个先锋论坛会议，邀请你参加，讲讲中国Internet的发展状况吧。"

这次会议的参加者都是全球IT界的大人物，张朝阳知道自己不能失去这个机会，就算硬着头皮也得上，为此他经历了自己一生中最为紧张的几天。

张朝阳在论坛会议上的演讲非常精彩。

事后，尼葛洛·庞蒂告诉张朝阳："我的同事发来电子邮件说，很多人都把他们讲睡着了，但是你让他们全醒过来了。"

这个机会令全球IT界的大人物都记住了张朝阳，也给爱德华·罗伯特和尼葛洛·庞蒂吃了一个定心丸！

1996年10月，张朝阳在北京注册了爱特信(ITC)公司。爱德华·罗伯特和尼葛洛·庞蒂共同为张朝阳注资。

如果没有朋友罗伯特的勉励，张朝阳不会遇到尼葛洛·庞蒂。若不是和尼葛洛·庞蒂成为了朋友，张朝阳就会错失这次做演讲的机会。没有这次机遇，张朝阳不会在IT界崭露头角，那么恐怕我们看到的“网络三剑客”里就没有张朝阳这位“剑客”了！

二、一个人的成功怎么少得了人脉的帮助呢？

一个人事业的成功，80%归因于与别人相处，20%才是来自于自己的心灵。人是群居动物，人的成功只能来自于他所处的人群及所在的社会，只有在这个社会中游刃有余、八面玲珑，才能为事业的成功开拓宽广的道路。没有非凡的交际能力，一个人就是能力再强也免不了处处碰壁。这就体现了一个铁血定律：人脉就是钱脉！

曾任美国总统的西奥多·罗斯福曾说：“成功的第一要素是懂得如何搞好人际关系。”的确如此，在美国，曾有人向2000多位雇主做过这样一个问卷调查：“请查阅贵公司最近解雇的三名员工的资料，然后回答：解雇的理由是什么”。结果这些来自全美各地、各个行业的2000多位雇主中，有三分之二人的答复都是：“他们是因为不会与别人相处而被解雇的。”

很多成功的商界人士都深深意识到了人脉资源对自己事业成功的重要性。曾任美国某大铁路公司总裁的A·H·史密斯说：“铁路的95%是人，5%是铁。”美国钢铁大王及成功学大师卡耐基经过长期研究得出结论说：“专业知识在一个人成功中的作用只占15%，而其余的85%则取决于人际关系。”所以说，无论你从事什么职业，学会处理人际关系，你就已经在成功路上走了85%的路程。无怪乎美国石油大王约翰·D·洛克菲勒说：“我愿意付出比天底下得到其他本领更大的代价来获取与人相处的本领。”

所以，你要想成功，就一定要营造一个适于成功的人际关系，包括家庭关系和工作关系。中国有句古话，叫做“家和万事兴”。你与父母、配偶、子女的关系，构成了你的家庭关系。你与家人的关系恰恰是你在社会上与别人交往时的缩影，所以你的家庭关系也就决定了你社会关系的模式。

同样，与同事、上司及雇员的关系是一个人事业成败的重要原因。一个没有良好人际关系的人，即使再有知识，再有技能，那也得不到施展的空间。

机遇不等人，要成功，你就要时时刻刻抓机会！机会哪里来？朋友！

古语有云：“读万卷书不如行万里路，行万里路不如阅人无数，阅人无数不如名师开悟，名师开悟不如贵人相助！”

这句古话，说得非常有道理。人的这一生，或多或少都要接受别人的帮助，完全没有贵人相助就能成功的人，绝对是少之又少。贵人能为我们提供成功的助力和资源，在关键时刻为我们指点迷津，找出解决问题的方法，改变人生的航向，给我们的人生带来希望和转机。

三国时期的庞统，江湖人称“凤雏”，与诸葛亮齐名，据说有经天纬地王才、鬼神漠测之计。他给谁打工，谁就能一统江湖，垄断中国这个市场。

这样的人简直牛到了没边的地步，可是现实情况中呢？齐备只让他做了个小小的县令。这就好比堂堂一个哈佛MBA毕业的高素质海归，到国企求职只混了个小组长当。

本来想凭本事吃饭，结果老板根本不给表现的机会，庞统没辙了，只好把诸葛亮给写的推荐拿出来了。刘备一看，军师都说这个人有才华了，立刻让庞统当了副军师，从小组长直接升到副总，有天理吗？

还有刘宝瑞大师说的单口相声里边那个富家子弟，连自己的名字都不会写，就凭着“九千岁”魏忠贤的一封推荐信，不但金榜题名，而且还在翰林院混得风声水起。要没有魏忠贤的信，估计他连翰林院的门朝哪边开都不知道。

当然了，以上两个事例都出自小说或者民间故事，不可尽信。但是不要忘了，艺术来源于生活。无论在作品里如何夸张，道理总不能和现实生活中相悖。可见，人们自古以来就相当看重“贵人”的重要性。

如今生活节奏越来越快，社会上的竞争也越来越激烈，所有人都削尖了脑袋想要出人头地。在这样的大环境下，“贵人”的作用也就越来越重要。

天有不测风云，人有旦夕祸福！谁能肯定自己的路将一帆风顺？谁又能防患于未然？恐怕没有人能够十分肯定地回答这个问题。

多一个朋友，不仅多了一条路，还让自己的后路多了层保障，多了份保险，多了个护身符。

当我们的人生面临困境乃至绝境，在你以为山穷水尽、无路可走之时，人脉会给你的人生带来希望和转机，甚至是绝地反击。

放眼中国乃至世界的电影界，张艺谋导演的地位可谓举足轻重。他的许多经典电影都曾夺得国际大奖。在2008年北京奥运会的开幕式上，张艺谋更是让全世界都赞不绝口。可没有人想到，他的事业曾经面临险境。

20世纪90年代，张艺谋的事业曾一度陷入低谷，不是因为他江郎才尽，而是在拍片时找不到投资人。

正当张艺谋为自己的事业停滞不前而一筹莫展的时候，他的朋友张伟平主动提供大笔资金请他拍电影。于是，《我的父亲母亲》、《有话好好说》及《幸福时光》等一批文艺片开始成功地运作起来，也使他们获得了可观的利润。

之后，张伟平又斥巨资赞助张艺谋拍摄大型古装片《英雄》。这部影片获得了极大的成功，海外票房和国内票房都十分理想。至此，张艺谋的事业才真正迎来了新的辉煌。

可以说，朋友张伟平的帮助，让张艺谋打了一个漂亮的翻身仗！

当生活落入困顿的时候，当资金偶尔周转不灵的时候，当事业发展遇到重大阻碍的时候……你身边若有一个庞大的人脉网，你还担心什么？

三、人脉资源可以为你带来更多的其他资源

开展事业最重要的因素之一便是人，而且人也经常成为成功与否的关键。人、技术、资金这三大社会最重要的条件的核心就是“人”。如果你有足够丰富的人脉资源，那么资金和技术问题就能迎刃而解了。所以，“人”才是最能够决定你事业成功与否的关键。

在这个信息发达的时代，拥有无限发达的信息，就拥有无限发展的可能性。信息来自你的情报站，情报站就是你的人脉网，人脉有多广，情报就有多广，这是你事业无限发展的平台。

日本三洋电机的总裁龟山太一郎就是很好的例子。他被同行誉为“情报人”，对于情报的汇集别有心得，最有趣的是他自创一格的“情报槽”理论。他说：“一般汇集情报，有从人身上、从事物身上获得两个来源。我主张从人身上加以汇集。如此一来，资料建档之后随时可以活用，对方也随时会有反应，就好像把活鱼放回鱼槽中一样。把情报养在情报槽里，它才能随时吸收到足够的营养。”

把人的情报比喻成鱼非常有趣。一位有名的评论家也说：“我每一次访问都像烧一条鱼一样，什么样的鱼可以在什么市场买到，应该怎么烹调最好，我得先弄清楚。”对于生意人来说，如何从人身上得到情报及处理情报，这样的工作，其实是和记者一样的。许多记者都知道：在没有新闻时，设法找个话题和人聊聊。生意人也是这样。也许没有办法随时外出，那就利用电话来跟朋友们

讨教吧!

日本前外相宫泽喜一有个闻名的“电话智囊团”。宫泽在碰到记者穷问不舍时，往往要求给予一个小时的时间考虑。如果碰巧在夜里，则只要一通电话就可以得到满意的答复，这些答复来自他的10名智囊团成员。这也就是我们所谓的“人的情报”。

一个人思考的时代已经过去了，建立品质优良的人脉网为你提供情报，成了决定工作成败的关键。

环绕我们四周的多半是共同寻乐和有利害关系的朋友，和他们交往虽然愉快，关系却不能长久。我们很容易分析得出结交朋友的过程，总不外因为某种缘分与别人邂逅，对对方产生好感，然后进行交流，于是进入“熟识”阶段。对朋友觉得有趣或愉快，通常都在这个阶段。

熟识之后，开始有一种共患难的意识，彼此间产生友谊。认为朋友会对我们有帮助，通常是在这个阶段。这个阶段的友谊，联系性强，彼此间也容易产生超过利害关系的亲密感。说得更具体一点，交往的本质其实也就是“互相启发”和互相学习。彼此从不断摸索中逐渐改变逐渐成长，建立起稳固而深厚的友情。

四、很多机遇都是人脉的功劳

人脉活动为人们提供了这样的可能：即让你结识他人，也让他人认识你，当彼此间的品行、才干、信息得以了解的时候，就可能结出两个甜美的果实——友谊和机遇。交际活动是机遇的催产术。着意开发人脉资源，捕捉机遇，成功的彼岸离我们就更近了！

京城“火花”大王吕春穆就是很好的例子。他原是北京一所小学的美术教师。一天他在杂志上看到有人利用收集到的火柴商标引发学生学习兴趣和创作灵感的报道，他决定收集火花。于是，他展开了广泛的交际活动。首先油印了200多封言词中肯、情真意切的简短信件发到各地火柴厂家，不久就收到六七十个火柴厂的回信，并有了几百枚各式各样的精美的火花。

此后，他主动走出去以“花”为媒，以“花”会友。1980年，他结识了在新华社工作的一位“花友”。这位热心的花友一次就送给他20多套火花，还给他提供信息，建议他向江苏常州一花友索购一本花友们自编的《火花爱好者通讯录》，由此他欣喜地结识了国内100多位未曾谋面的花友。他与各地花友交换藏品，互通有无；他利用寒暑假，遍访各地藏花已久的花友，还通过各种途径与海外的集花爱好者建立起联系。就这样，在广泛交往中他得到了无穷无尽的乐趣和享受，为他成名创造了机会。

他先后在报刊上发表了几十篇有关火花知识的文章，还成为北京晚报“谐趣园”的撰稿人。他的火花藏品得到了国际火花收藏界的承认，并跻身于国际性的火花收藏组织的行列。1991年他的几百枚火花精品参加了在广州举办的“中华百绝博览会”……他以14年的收藏历史和20万枚的火花藏品，被誉为火花大王而名甲京城，独领风骚。

很显然，吕春穆的成功得益于交际。他以“花”为媒，结识朋友，通过朋友再认识朋友，一直把关系建立到全球。从而，一次次机会降临，使他走向了成功。事实一再证明，人们机遇的多少与其交际能力和交际活动范围的大小几乎是成正比的。因此，我们应把开展人脉活动与捕捉机遇联系起来，充分发挥自己的交际能力，不断扩大自己的人脉网，发现和抓住难得的发展机遇，进而拥抱成功！

所以，我们要让每一次的交往都成为提升自己的机会。

五、有人脉，有人爱

人脉 虽然平时看不见，摸不着，但是往往能在关键时刻发挥巨大的作用。可以说，人脉是一个人的无形资产，一种隐形的财富。很多时候决定一件事情能否成功的因素并不仅仅是能力、态度或其他客观条件，也许平时人脉网络中毫不起眼的一个人的一句话就能起到决定性的作用。

经过观察，我们不难发现，那些如日中天的成功人士与无所事事的无名之辈最大的区别，就是那些无名之辈的朋友非常少，而成功人士的朋友却遍布天下。

因此，如果你想从一个无所事事的无名之辈变成如日中天的成功人士，那么你就要倾力打造自己的人脉网。

程芳菲是个名牌大学的毕业生，大学毕业以后，她应聘进了一家跨国公司做文秘工作。刚进公司的时候，她可谓志得意满，信心爆棚。她甚至每天睡觉前都在心里默念“努力、奋斗”来激励自己。

然而总是会有些事与愿违的挫折出现。

在公司里埋头苦干了整整一年后，程芳菲满以为能够得到公司高层的认可，顺利升迁。但出乎她意料的是，公司的高管似乎并没有提拔她的意思，反而提拔了和她在同一个办公室的另一个女孩——王竺裳。程芳菲的心里非常郁闷，王竺裳的工作能力虽然不错，但跟自己比起来还是差一个档次，她凭什么升职？问题究竟出在哪里呢？

于是程芳菲找到了大学时代的导师，向他倾诉自己的苦恼。导师对程芳菲目前的境遇大为吃惊，他没想到自己的得意门生会遇到这样的挫折，毕竟程芳菲可是品学兼优的优秀学生。带着疑问，导师来到了程芳菲的公司做客。

在和程芳菲的同事、上司进行了初步的接触之后，导师还通过自己的关系侧面了解了大家对程芳菲的真实评价，这才找出答案：程芳菲的专业太优秀了，优秀使她过度自信，自信的她自己都看不出自己在人缘上存在的缺陷了！

平常的时候，程芳菲工作热情很高，但对待同事和上司的态度却很冷淡，同事们背地里都叫她冷美人。这直接导致了办公室气氛的不和谐，大家虽然平常都客客气气的，但心里对程芳菲都带着一种戒备。大家这种情绪，自然就会影响到领导对程芳菲个人能力的判断。你想，一个连身边人都团结不起来的人，怎么能够委以重任呢？

根结找到了，导师建议程芳菲先改变自己的态度，遇事多跟他人商议，学会委婉地表达自己的真实意思，让大家愉快地认可她的意见。同时，注意在适当的时候表现自己的能力，尤其是在工作繁忙的时候，要显出自己的果断和利落。

最后，也是最重要的一步，导师建议程芳菲做一张图，最上方写上对自己升职握有决定权的人的名字，下面一字排开，写出可能对这位主管产生影响的人的名字，每个人名字下面注明自己可以帮助对方做什么，对方可以给自己什么样的帮助。然后，按照这张图指示的内容去做，看一看会有什么样的效果。

半年以后，导师接到了程芳菲的电话：经过办公室同事和部门主管的一致推荐，她现在已经担任经理助理了，不仅提了薪，更重要的是，她的才华有了更为广阔的施展空间。

程芳菲的经历告诉我们，在社会工作中，光有优秀的专业知识是很难取得成功的，人脉有时候比专业知识更重要。因此，与其每天感叹自己怀才不遇，不如仔细想想为什么自己如此优秀却缺人疼、少人爱。然后你会发现，除了提高专业知识素养之外，还要找到人脉这把走向成功的金钥匙。

当然，有了这张网之后，你还得不断检查、修补它。因为随着部门调整、人事变动，你的网也会常常出现漏洞。你得不断调整自己手中的牌，重新进行排队和分类，不断从关系之中找关系，使自己的关系网一直有效。

第二节　人脉提携为成功提速

在工作中，学会借助人脉来达到事半功倍的效果也是一种智慧。在关系网中，“借力”是核心。关系网是人际关系的重要部分。把握了“借力”这一核心，就把握了关系网的精髓，就有可能通过“借力”，完成从没钱、没背景、没经验的困境向成功的转化。

古时候，人们讲的借风腾云、借名钓利、借力打力、借鸡生蛋，无不是讲究一个“借”字，讲究借助外部力量而求得发展。帆船出海、风筝上天，无不是“好风凭借力，送我上青云”。而人的成功，也需要借力。

中国香港，我国海岸线上的一颗璀璨的明珠。作为“亚洲四小龙”之一，香港就是凭借与外国的大公司合营，借别人的知名品牌，借用外国原材料，借用外国公司的销售渠道和销售市场，从事加工制造，从事转口贸易。凭借“借风腾云”的思维，香港迅速走向了繁荣。

一、借力打力好办事

中国台湾巨富陈永泰说得好：“聪明人都是通过别人的力量，去达成自己的目标。”

一个人大部分的成就总是承蒙他人之赐。他人常在无形之中将希望、鼓励、辅助等积极的元素，投入到我们的生命中，从而激活了我们的精神世界，使我们的各种能力趋于锐利。

生命的生长，都要依靠从四处吸收营养，而这种营养，官能的感觉是不能觉察、不能测量的。一个人的成功，也要从周围的人中吸取“力量”。当然，这种力量的吸收不是取道于官能的视觉、听觉神经的。一个成功人士，肯定有着良好的人际关系，一个成功人士背后，肯定有着发达的关系网。

所以，衡量一个人的力量有多大，不在于他能举起多重的石头，而在于他能获得多少人的帮助。

美国老牌影星寇克·道格拉斯年轻时十分落魄潦倒，没有人认为他会成为明星，包括许多知名大导演也不看好他。有一回寇克搭火车，与旁边的一位女士攀谈起来，没想到这一聊，竟聊出了他人生的转折点。没过几天，寇克就被邀请到制片厂报到。原来，这位女士是位知名的制片人。

这个故事说明，即使寇克·道格拉斯是一匹千里马，也要遇到伯乐，一切才能美梦成真。所以，要想成功，你也需要找到人生中的贵人。所谓与马赛跑，不如骑马成功。毕竟站在巨人的肩膀上，成功会来得更容易。

任何人都应该学会待人接物、结交朋友的方法，以便互相提携、互相促进，毕竟单枪匹马在几十万大军中进进出出只是一个美丽的故事。

钢铁大王卡内基亲自写好自己的墓志铭：“长眠于此地的人懂得在他的事业过程中起用比他自己更优秀的人。”

任何人如果想要让自己的事业更加出色，在事业上获得巨大的成功，首要的条件是要有一种善于借用别人的力量来帮助自己的能力。能够识别出他人的优点，以及对自己有利用价值的地方，并在自己的事业道路上借用他们的这些优点和力量的人才是真正的人脉高手。

二、借鸡生蛋拉关系

苏格拉底说过，真正高明的人，就是能够借助别人的智慧，来使自己不受蒙蔽。

而真正的人脉高手，则善于借助身边已有的关系，将自己的人脉网络无限扩大。

相信大家都有这样的经历，你有一件棘手的事情需要别人的帮忙，但是那个能帮你的人又和你不认识。在这种情况下，如果你贸然去向那个人求助，结果很可能不尽如人意。但是如果你的朋友之中有人认识这个人，再通过朋友和他拉关系的话，事情有可能就会得到解决。

这样一来，你认识的人就越来越多，你的人际网也就越来越绵密了。有了良好的人脉，你成功的道路上就会得到很多帮助。

人脉对现代人而言，已经成了成功与否的关键所在，因为谁也无法预知自己的下一步将会如何。工作上的协助，生活中的资助，团队间的互助，就连最简单的买菜，都能若有似无地瞧出一个人的“人际关系”好坏！

查尔斯·华特尔，就职于纽约市一家大银行，奉命写一篇有关某一公司的机密报告。他知道有一家大公司的董事长掌握着非常重要的资料。于是，华特尔先生去见那个人。

华特尔先生说明了他的来意，并开始提出问题。董事长的说法很含糊、模棱两可。无论华特尔怎样试探都没有效果。这次见面的时间很短，事实上也没有实际效果。但是华特尔通过这次拜访了解到了一个情况，这位董事长正在帮自己12岁的儿子集邮。

华特尔所在银行的国外部门也在搜集邮票，因为他们会收到来自世界各地的信件。于是，第二天华尔特又去找那位董事长，告诉他，自己有一些邮票要送给他的孩子。董事长非常热情地接待了他。他满脸带着笑意，非常客气。

他们先谈论了一会儿邮票，然后那位董事长花了一个多小时，把华特尔先生想要知道的资料全都告诉给了他，有些甚至是华特尔自己都没敢想的。后来，那位董事长又叫他的下属进来，问他们一些问题。他还打电话给他的一些同行，把一些事实、数字、报告和信件，全部告诉给了华特尔。华特尔那天可谓收获颇丰。

事情就是这样，当你无法与关键人物搭上关系时，事情往往很难取得进展，可一旦你与关键人物建立联系，事情就好办多了。

用很短的时间，查尔斯·华特尔就巧妙而成功地打造了一条关系链，同时也完美地解决了他的问题，可见人脉对一个人的成功是何等重要。

“有钱的出钱，有力的出力”。这些话说明了一个道理：人就是资源。在你刚刚进入社会开始谋划自己的事业时，你可能没有钱、没有经验、没有技术。这不要紧，只要你拥有掌握这些资源的人就行。

回想一下，在你追求成功的道路上，有没有人帮助过你？你的回答可能是有，也可能是没有。但可以肯定的是，你的成功离不开贵人的相助，只是你没有感觉到罢了。你想不想成功来得更轻松一点，来得更快一点？如果想，请马上借助自己周围的人脉来将自己的社交圈拓展得更宽吧。

美国前总统克林顿在17岁的时候，立志想当音乐家。可是，在白宫遇见了当时的美国总统肯尼迪之后，他改变了志向。他放弃了当音乐家的梦想，改而走政治家的道路，从此，他的人生和事业方向改变了。如果没有肯尼迪，也许就没有后来的美国总统克林顿，肯尼迪就是克林顿的“贵人”。

“贵人”是你生命中的开路先锋，是你事业上的导师。借用现有的人脉来认识更多的“贵人”，比你做的任何决定都来得重要。

三、借名钓利得好处

人脉越宽，路子就越宽，事情也就越好办。一个优秀的人，往往能影响自己身边的人。好人脉是成大事者的最重要的因素，也是必备的条件。

人脉的经营就像将小鱼养成大鱼一样，不能太急。根据国外某科研机构的研究，一个人想要与某个人维持不错的人际关系，至少要长期（五年)、固定（每个月或每周固定时间）、持续地（不间断）联络，五年之后，即使两人不常联络，友情仍然不会消失。

当办事不顺或者四处碰壁的时候，你往往会发现，如果能和某件事的关键人物牵扯上一些关系，做起事来会顺畅很多。因为，只要借助我们和那些关键人物之间的联系，当有事情想要去拜托他或是与其商量讨论时，总是能够得到很好的回应。

人们喜欢享受成功带来的成就感，于是他们总是寻求快速功成名就的方法，其中很重要的一点就是要顾及人脉的经营，不断地与你所认识的人联络，让他们分享你的快乐，真诚地关心他们，才能让人脉根深蒂固。然后你会发现，有时候，借助人脉的帮助，你会更快地接近你心中的目标。

另外，与关键人物取得联系，是“人脉关系网”赖以存在的基础。事实上，人脉关系网越宽广，做起事来就越方便，而能够得到那些有一定背景的大人物的帮助，则会使事业的发展少遇些障碍。由此可见，有技巧地搭建丰富有效的人脉关系网是到达成功彼岸的不二法门。

亚洲保险界著名讲师庄秀凤在演讲的时候，经常把经营人脉比喻成养鱼，养鱼的人必须把鱼从小养到大，然后才开始捕捞。经营人脉也是一样，不能刚把鱼饲料放下去，就急着收网，否则是捕不到大鱼的!刻意地请客户吃饭、送礼物，反而会让对方觉得有所企图。不如伺机做一些令人感动的事情，这要比请客送礼更贴心。

庄秀凤在马来西亚演讲时认识了一位朋友——蔡明敏博士。初识蔡博士时，他在一家公司担任马来西亚分部的主管。庄秀凤老师演讲结束后，就持续地与他保持联络。数年之后，蔡明敏博士离开了原来的公司，自己创业，帮助了许多业务员，使他们的年收入达到上百万元，在马来西亚拥有不容小觑的影响力。

当蔡明敏博士得知庄秀凤担任全职的讲师后，就邀请她到马来西亚一游。原本庄秀凤是抱着旅行的心态到马来西亚的，没想到蔡明敏博士不但带她到各处游玩，还义务帮她安排很多场演讲，让她在玩乐之余还能赚到讲师费，令她非常感动，之后她也非常珍惜这段友情。

庄秀凤经常在国内演讲，有一次，她在哈尔滨演讲的时候，认识了一家企管顾问公司的老板。之后，该老板打电话给她，请她帮忙介绍讲师，她非常热心地帮助了那位老板。

数年后的冬天，庄秀凤到内蒙古演讲后，想顺道到哈尔滨赏冰雕，于是打电话给这位老板，没想到他不但放下工作来接庄秀凤，还亲自带她到哈尔滨各处观光，并且坚持不让她付任何费用。

有一次，庄秀凤到客户家拜访中时，正巧听到客户的孩子在喊妈妈，原来是客户的小孩子上完厕所，想找妈妈帮忙擦屁屁，她看客户在厨房炒菜，于是二话不说地跑到厕所帮忙。当客户匆忙地从厨房跑出来时，看到的就是庄秀凤帮她的孩子擦屁股的画面，感动之余，合约也就很顺利地签订了。

没有人天生就会经营人际关系，如果想要拥有一本不错的“人脉存折”，自己一定要先投入本金。俗话说“杀鸡也要蚀把米”，在“人脉存折”之中，所谓的本金指的就是对朋友、客户的真诚关心、分享与付出，而不是什么事情都想到利益。

人脉关系网并不是那些成功人士的专利，每个人都可以拥有自己的人脉关系网。作为一个对自己的事业充满企图心的人，当你要开始建立你的人脉网时，至少应该做到多参加一些社交活动，并努力打入一个可以对你的事业有所帮助的团体中去。

你可以利用业余时间多参加一些社会活动或者社会团体。例如，加入一个集邮社，加入一个健身俱乐部，或者加入一个车友会……认识里面的人，然后建立你的人脉关系网。尤其对于一些经商的人来说，一些商业团体是建立人脉关系网的最佳地方。在那里会遇见许多潜在的顾客，还有可能提供出一些可能会下订单的人。

经常到商业团体经常去的地方，你会有不一样的收获，因为许多同行间的信息就在那儿散布，友谊也在那儿产生。换而言之，那也是建立商人之间人脉关系网的方式，也是一个建立人脉关系网的绝佳场所。你会结交许多相隔两地但可能持续一辈子的朋友，而且如果顺带参加讲座及研讨会的话，你会获得更多有价值的信息，助你的事业更上一层楼。

或者也可以回到学校去改善你的技巧。你可以在学校里以你辛勤的工作，来满足野心及求知欲，同时收获赞誉，并再一次扩充自己的人脉关系网。

四、借风腾云建人脉

现在，大家都知道建立人脉关系网是非常重要的了。那么，建立人脉关系网的核心问题又是什么呢？可以用几个准则来概括——互利互惠、互通有无、互相分享。

人脉关系网中的每个人都是为了通过彼此间的付出而共同得利。你付出，便有收获；没有付出，就没有收获。

有些人脉建立于纯粹的友谊上，有些则根据需要而建。我们与朋友来往，是因为我们喜欢他们；我们与商业伙伴来往，是因为他们有我们所需要的东西，反之亦然。重点是，如果你只与自己喜欢的人做生意，就无法在生意场上生存太久。

李庆峰是某市餐厅老板，他的餐厅是那个市里发展最快、最具规模的。

是他更具做生意的天赋？是他有强硬的后台？朋友和同行们在对他问出这些问题时，他说：“统统不是。事实上，我不比其他人厉害，我只是有最佳的人脉。在做餐饮前，我就很注意与同餐饮业相关的人员打交道。到我开始做餐饮时，这些人已经是我的好朋友，在他们的帮助下，我才能很顺利地开展生意。此后，我继续扩大自己的交际圈，这些人里有捧场的、帮忙的、解决难题的。他们都给了我很大的帮助，没有他们，我单枪匹马根本不可能创下这份家业。

“即使是现在，我也仍和这些新朋旧友关系密切，我们互帮互助，相互提携，大家都很开心。事实上，我自己认为，从某个方面而言，这些人才是我最大的财富！”

在建立人脉的过程中，“互惠”所指的主要是恩惠的交换。在任何行业中，彼此借用对方的优势条件，互利互惠，都可以帮助你建立正面的人脉关系网。

王胜勇和妻子外出旅游，旅途中，他们在逛一家服装店的时候感到饿了，想找一家川菜馆。

于是他们问那家服装店老板：“您知道附近哪里有好的川菜馆吗？”

“在海淘南路79号有一家川菜馆还挺不错的。”

“有多远？”

“走路差不多10分钟，”他说，“你知道吗？全城最好的餐厅就是那个饭店。”

当王胜勇和妻子抵达时，餐厅里挤满了人。然而，服务生还是为他们找到一张不错的桌子。他们在那里消费了200元。

当他们用完餐结账时，服务小姐会热情地对他们说：“感谢两位的光临，难得来一次这里，难道不想在这附近的服装店逛一逛么？从这里买回去的衣服意义不一样，两位一定会很喜欢的。一品衣轩是全城最质优价廉的服装店，这是他们店里的名片。”说完就递给王胜勇一张名片，名片上写着“一品衣轩服装店，海淘西路23号，一个你不来就会后悔的地方。”

王胜勇和妻子发现，这就是刚刚他们光顾的那家服装店。

分享是一种最好的建立人脉关系网的方式，你借他的风，他沾你的光，你们也就可以收获得更多。世界上有两种东西是越分享越多的。第一种是智慧、知识；第二种是力量。

你愿意把你自己最好的东西拿出来与人分享，你会得到两大好处：首先，你分享的东西是对别人有用有帮助的，别人会感谢你；其次，你愿意与别人分享，有一种愿意付出的心态，别人会觉得你是一个正直、诚恳的人，别人愿意与你做朋友。

而且，如果你的人脉关系网是健康有意义的，就必须持续下去。你永远不知道你的人脉会在什么时候给你带来好处或利益。人生存在许多变数，有些人是今天认识新朋友，明天忘记老朋友。世界变得太快，今天已变成历史。所以，不能简单地以为朋友交完就完了。

第三节　交友也要有目的性

如果你想要在未来的事业道路上一帆风顺，在交朋友的时候一定要有目的性。哪些朋友是可以帮助你成功的，哪些朋友是可以为你分忧解难的，哪些又是可以和你一起释放压力的……

一个人一生会有很多个朋友，也会有很多种朋友，有的朋友可以同生共死，有的朋友可以患难与共，也有的只能在一起吃喝玩乐。当然，这些朋友都是我们人生中的宝贵财富，都是必不可少的。

一、功能不同的朋友就要不同对待

俗话说，多个朋友多条路，朋友多了路好走。朋友相交以“诚”相待，此乃至理，那为什么又要将朋友分“等级”呢？那不就不“诚”了吗？

季儒翰是个颇有实力的企业家，朋友无数，他也曾向人夸耀，说他朋友之多，天下第一。

曾问他，朋友这么多，你都同等对待吗？

季儒翰沉思了一下，说：“当然不可以同等对待，要分等级的。”

他说他交朋友都是诚心的，不会利用朋友，也不会欺骗朋友，但别人来和他做朋友却不一定是诚心的。在他的朋友中，人格清高的朋友固然很多，但想从他身上获取一点利益，心存坏意的朋友也不少。

“对心存歹意，不够诚恳的朋友，我总不能也对他推心置腹吧？那只会害了我自己呀。”

所以，在不得罪“朋友”的情况下，他把朋友分了“等级”，有“生死之交级”、“推心置腹级”、“可商大事级”、“酒肉朋友级”、“点头哈哈级”、“保持距离级”，等等。

季儒翰就根据这些等级来决定和对方来往的密度和自己心窗打开的程度。

他曾说：“我过去就是因为人人都是好朋友，受到了不少伤害，包括物质上的伤害和心灵上的伤害，所以今天才会把朋友分等级。”

把朋友分等级听来似乎太无情，但听了季儒翰的话，你是否也觉得分等级的确有其必要，因为这可以保护自己免受别人的伤害。

要把朋友分等级其实不容易，因为人都有主观的好恶，有时会把一片赤心的人当成一肚子坏水的人，也会把凶狠的狼看成友善的狗，甚至在旁人点醒时还不能发现自己的错误，非得到被害之后才大梦初醒。

所以，要十分客观地将朋友分等级是十分难的，但面对复杂的人性，你又不得不勉强自己把朋友分等级。心理上有分等级的准备，交朋友就会比较冷静客观，才会区别对待不同的朋友。

要把朋友分“等级”，对感情丰富的人可能比较难，因为这种人往往在对方尚未把自己当朋友时，自己早已投入感情；而且把朋友分等级，这种人也会觉得有罪恶感。

不过，任何事情都要经过学习，慢慢培养这种习惯，等到了一定年纪，自然热情冷却，不用人提醒，也会把朋友分等级了。

也许你不必像季儒翰那样把朋友细分为无数个等级，简单一点，分成“可深交级”和“不可深交级”总不会太困难吧？

可深交的，你可以和他分享你的一切，不可深交的，维持基本的礼貌就可以了。这就好比客人来到你家，真正的客人请进客厅，推销员之类的在门口应付应付就行了。

另外，也要根据对方的特性，调整和他们交往的方式。但有一个前提必须记住，不管对方多聪明或多有钱，一定要是个“好人”才可深交，也就是说，对方和你做朋友的动机必须是纯正的。因为，人常被对方的身份和背景所迷惑，结果把好坏不分，这是很多人无法避免的错误。

如果你目前平平淡淡或失意不得志，那么不必太急于把朋友分等级，因为你这时的朋友不会太多，还能维持感情的朋友应该不会太差。但当你有成就了，手上握有权和钱时，那时你的朋友就非分等级不可了，因为这时的朋友有很多是另有所图，不是真心和你交朋友的。

二、无论三六九等，终有一天会派上用场

不管什么人，只要在社会中生存，就必须靠朋友来帮忙。虽然有的朋友也不见得能帮你什么忙，甚至还会拖累你，但没有朋友却会无路可走。这个道理相信没有人会反对，但有一种情形可不是人人能做到的，那就是：保持交朋友的弹性。

大部分人在交朋友的时候都会“弹性不足”，因为他们有太多交朋友的原则，比如：看不顺眼的不交、话不投机的不交、有过不愉快的不交……

这种交朋友的态度也没有什么不好，但在交友之中，实在有必要更弹性一点。所谓的“弹性”是指没有不能交的朋友。你看不顺眼，或话不投机的人并不一定是“小人”，甚至还有可能是对你有所帮助的“君子”，你若拒绝他们，未免太可惜了。有人会认为，话不投机又看不顺眼还要“应付”他们，做人这样太辛苦了。

做人本来就是很辛苦的，但要做一个成功人士就是要有这样的功夫，并且不会让他们感觉你在“应付”他们。要做到这样，唯有敞开心胸，别无他法。

三国时期的皇叔刘备，本来是个贩卖草鞋的小商贩，可他非常善于经营人脉，麾下聚集了关羽、张飞、赵云、黄忠等虎将，驾前更是先有徐庶、后有诸葛亮和庞统这两位当时最有名的谋士辅佐，这才得以联吴抗曹，成就了三足鼎立的一番霸业。

北宋的宋江是个押司，比碎芝麻粒儿还要小的小官儿，连自己的妻子都看不上他，可他也算是一个经营人脉的高手。众多的江湖好汉，无论是三拳打死镇关西的鲁智深，还是景阳冈上打死猛虎的武松，包括胆大包天抢了生辰纲的晁盖等人，一听说他的名字，个个心悦诚服，都说他是个英雄。

清朝的胡雪岩，幼年时放过牛，当过学徒，后来经商，时刻以“仁”、“义”二字作为经商的信条，随机应变而不投机取巧，致富发家而不忘根本，终于成了一名闻名大江南北的红顶商人。

某人得罪过你，或你曾得罪过某人，虽说不上彼此成仇，但心底确实不愉快。如果你觉得有必要，可以主动去化解僵局，也许你们会因此而成为好朋友，也许只是关系不再那么僵而已，但至少你少了一个潜在的敌人。这一点相当难做到，原因就是拉不下脸来。

其实只要你愿意做，在许多时候你的风度会赢得对方的尊敬，因为你采取和解的态度给了他面子。如果他还是高姿态，仍旧耿耿于怀，那就是他的不对了。不过要化解僵局还得看场合和时机，不要太刻意，例如在酒席上、对方离职时或升官时最好，也即是说，要有个好借口。

有些人的做法是“不是朋友就是敌人”，这样做就会使敌人一直增加，朋友一直减少，最后使自己成为光杆司令。所以应该改为“不是敌人，就是朋友”，这样朋友就会越来越多，敌人越来越少。

俗话说，没有永远的敌人，也没有永远的朋友，只有永远的利益。敌人会变成朋友，朋友也会变成敌人，这是社会现实，在商场上更是如此。当朋友因某种缘故而成为你的敌人时，也不必太忧伤感叹，因为有一天他有可能再成为你的朋友，有了这样的认知，就能以平常心来交朋友。

架子大是交朋友的一大阻碍，也是树敌的一个原因，千万不要以为你是老板或是其他什么有身份的人，就不去理会一个工友。在“交朋友的弹性”这件事上，这种架子会使你交不到朋友。

能以这种弹性交朋友，怎么会交不到朋友，怎么会走不通路，做不了事？不过这种“弹性”不容易练就，必须慢慢来实践。

没有用处的人，你给他帮忙，只能让他平添内疚。而且如果是朋友也应该多为别人考虑，再说，多帮有用处的人，并不意味着不帮好朋友，两者并不矛盾。话又说回来，为人要知恩图报，别人帮了你，而你不去回报，岂非“不够朋友”吗？

按中国传统心态来看，社交不应该有目标，应该“以情会友，别无所求”，奉行一种无为哲学。谁要是在交往中注重交往对象的使用价值，然后想方设法接近他、利用他，这就被认为“太势利”。

根据现代社会的交际观念，社交有三个基本目标。我们不能只强调信息共享、情感沟通而拒绝相求相助。我们不能把相求相助都当成“势利”来看待。

我们不妨设想，有这么一个人，他既不能与你信息共享、情感沟通，也不能与你相求相助，你会与他交朋友吗？恐怕不会。由此可见，人际交往还是有选择的，选择就是一种目标的体现，拒绝目标，也就是拒绝交往。

三、找啊找啊找朋友，找到一个好朋友

找朋友其实很简单，你的家人、兄弟，他们的工作内容可能和你毫不相关，但是他们都会有自己的朋友，这样一来，长辈和兄弟也可以作为你广结人缘的对象。这样以家人和兄弟为媒介，就能够找到更多的朋友。像这样，仅仅靠着血缘的关系，就可以使你的交友范围逐渐地扩大起来。

把目标转移到你的家乡，一些父老兄弟由于同乡的关系，也能够顺利地结成朋友；然后在你现在的住所附近，看看有没有能成为朋友的人。也许遇到曾在同一球队里一起打球的队友，也许遇到的是一起参加研究会的朋友，更可能遇到离开公司十年、二十年的朋友，这许多人都是你结交的有利对象。尤其是同学关系，更值得珍惜，利用同学会常常能找到十年、二十年未曾相见的朋友。

世界首富比尔·盖茨在刚刚开始创业的时候并没有吸引女士们太多崇拜的目光。因为他从小寡言少语、不善社交，平日也只是坐在桌前和电脑打交道，有时

一坐就是数小时，饭都很少去吃，更别提抽出时间来洗澡和打扮自己了。那时，盖茨周围的人经常可以从他的身上闻到一股臭味儿。

然而，由于工作的关系，一个学者味儿十足的女人走进了他的生活。这个女人就是比盖茨大9岁的安·温布莱德。由于两人所学的专业相近，又都从事计算机软件开发的行业，所以特别谈得来。在盖茨看来，他与温布莱德之间的关系是一种纯粹的“柏拉图”式的精神恋爱。

他们经常在一起谈论有关计算机和物理学的问题，有时一个问题就能争论一个星期。但是，好景不长，1987年，盖茨和温布莱德正式分手了。尽管两人之间不再有恋人关系，却仍然保持着友谊，而且还时不时地聚在一起讨论问题。

对于盖茨来说，温布莱德是他的“大姐大”。在很多个人的事情上，盖茨都事先与她商量。1993年，盖茨最终选择了梅琳达做自己的人生伴侣。在这之前，盖茨也考虑了很久，他还给温布莱德打电话，征求她的意见。

1994年1月，盖茨与梅琳达完婚。在婚礼宴席之后，盖茨向梅琳达提出，他要与温布莱德继续保持友谊，而且每年还要抽出一个星期的时间与温布莱德待在一起。对于盖茨近乎无理的要求，梅琳达居然同意了。据盖茨说，他虽然每年都要和温布莱德在一起待一段时间，但是两人只是在一起谈论一些计算机上的问题而已。

比尔·盖茨的传记作者詹姆斯·华莱士说：“比尔需要从温布莱德身上得到某些精神上的东西，他们在一起的时候就像两个孩子，往往就某个问题争论不休，在整整一个星期中，他们经常除了读书和讨论问题什么都不做。”

也许有人会带着暧昧的眼神说：“真的？一男一女待在一起一个礼拜？两个人什么都不做？”但是我相信这是真的。比尔·盖茨和温布莱德之间的友谊已经超越了肉体和性，他们已经变成对方前进的支撑，这种支撑带来的力量看似无形，实际上非常强大。

那些友谊真挚的人，心底是坦荡的，当他们聚在一起的时候，他们谈天说地。在谈论的过程中，他们互相信任、互相谅解、互相支持，以合作伙伴的姿态出现在对方的面前。

由朋友介绍给你的朋友也是很好的结交对象。有些朋友，甚至那些闻所未闻的朋友，也绝不能把他忘掉。此外，单位也是一个结交朋友的好地方，除了办公室的同事，在公司内和你有过接触的人，都是你可以考虑结交的对象。

四、朋友也不是随随便便就能交的

交朋友不一定都交同类型的人，只要彼此之间有某一方面是互相认同的就可以了。和不同的朋友在一起交流，才更有助于优势互补。同样，你的贵人也不一定非得和你志同道合，只要你们在某一方面有共同语言就足够了。

在人际交往中，人们常常受方位的邻近性、接触频率的高低性和意趣的投合性的影响，使人际交往的领域倾向狭窄。

其实，决定交往对象范围的主要因素，应该是“需要的互补性”，为了通过交往去获得“互补”的最大效益。我们应当打破各种无形的界限，根据自己生活、事业上求进步的需要，积极参加相应的交往活动，主动选择有益、有效的交往对象。

如果你发现自己某方面个性有缺陷而又对某人这方面的良好个性十分羡慕和敬佩的话，那么你为什么不可以主动找他谈谈，用自己的真诚打动他，获得他的指点呢？如果你觉得自己与某人的长短之处正好互补的话，为什么不可以通过推心置腹的交往来各取所长，补己所短呢？

选准对象，抓住时机，主动出击，以虚心诚意去广交朋友，这对博采众长、克己之短、完善自我是很有好处的。

在建立自己的人脉圈时也要注意“立体交叉”的方式。所谓“立体交叉”，可从不同角度去理解。从思想品德的角度说，就是不仅与比自己德高性善的人交际，也要适当与比较后进的人交际；从性格的角度上说，就是不仅与性格意趣相近者交际，还要适当与性格迥异、意趣不同者交际；从专业知识的深广度来说，就是不只限于与同一文化层次、同一专业行当的人交际，还应发展与不同文化层次、专业行业不同的人的交际；从家乡习俗的角度来说，就是不仅要与同乡、国内的人交际，还应当发展与异乡人、外国人的交际……

日本组织工学研究所所长系川英夫曾这样谈到“人事关系上的乘法”：“通过与不同类型的各种人物交往，可以获得大量的情报信息，利用这些信息，便可以进行新的创造性活动。在与各种不同类型的人交往过程中，不仅可以产生一些新的设想，而且可以使自己的思想更加活跃。”

他还做了这样的对比：“假如有两个人，A的能力为5，B的能力也为5，两人是否交流，将使两人的能力产生如下的差别：

5+5=10——两个人未交往前的能力；

5×5=25——两个人交换信息后的能力。”

还有一点是人们常常忽略的，那就是年轻人离不开中、老年人的提携和帮助。然而，由于年轻人与中、老年人在思想、感情、思维方法和心理品质上的较大差异，年龄相差较大的人之间的友谊常被两代人之间的心理障碍——代沟所阻隔。

但这种“沟”是可以填平的，而且必须要填平，因为任何社会阶段都要靠各个年龄层次的人的相互作用来发展。这种作用既有选择性的继承，也有创造性的更替与创新。中老年人与年轻人的矛盾，正是推动社会文明进步的动力。

培根就曾这样论述过：“青年的性格如同一匹不羁的野马，藐视既往，目空一切，好走极端，勇于改革而不去估量实际的条件和可能性，结果常常因浮躁而改革不成。而老年人正相反。他们思考多于行动，议论多于果断。为了事后不后悔，宁愿事前不冒险。所以，最好的办法是把两者的特点结合起来。”

这样，年轻人就可以从中老年人身上学到自己正需要的坚定志向、丰富经验、深远谋略和深沉感情。而且，中老年人有着丰厚的人际关系资源，可以为年轻人提供广泛的人际关系“门路”。

第四节　把握你的“黄金”朋友

无论你从事的是何种职业，都需要一张关系网，古今中外皆如此。而社会交际的目的之一就是织成这张网并利用这张网。但是，既然人人都知道这一点，都会去织自己的网，那么决定成败胜负的就是如何织好这张网了。

有的人整天忙忙碌碌，认识很多人，整天为应付自己找来的关系而叫苦连天。网织得很大，但漏洞百出，而且又有许多死结，结果使用起来没有实效，撒进海里网不到鱼。

有的人却不会如此。人的精力是有限的，而且又有认识不完的人。这就要求能在关系网中找出重要的关系人。这些重要的关系人，就是你的贵人。得到这些人的帮助，你的事业才能蒸蒸日上。

一、挑选最具潜质的那块“矿石”

要织一张好的关系网，首先就是筛选。把自己认为比较重要，可能对自己帮助比较大的人记在一个本子上，再把那些不是很重要的人记在另外一个本子上。这就像是打扑克中的“埋底牌”，把有用的留在手上，把无用的埋下去。然后，你就可以从那些重要的人中再次进行筛选，选出可以成为自己贵人的那些人，这些人就是你的“准贵人”。

要对认识的人进行分析，列出哪些人是最重要的，哪些人是比较重要的，哪些人是次重要的，根据自己事业上的需要排队。这就像打扑克中要“理牌”一样，明白自己手里有几张主牌，几张副牌，哪些牌最有力量，可以用来夺分保底，哪些牌只可以用来应付场面。

由此，你自然就会明白，哪些关系需要重点维系和保护，哪些关系则只需要保持一般联系，从而决定自己的交际策略，合理安排自己的精力和时间，将主要精力放在那些可以成为贵人的那些人身上。

对关系进行分类，知道他们不同的作用。因为社会上的活动往往涉及很多方面，你需要很多方面的资源，不可能只从某一方面获得。比如，有的可以帮助你办理相关手续，有的则能够帮助你出谋划策，而有的又能为你提供某种信息。

虽然作用不同，但对你可能都是至关重要的，所以一定要进行分门别类，对各种关系的功能和作用进行分析和鉴别，把这些全部编织到自己的网中。

有了以上的准备，你才可能有效地利用这张网，知道在什么情况下该向哪个贵人求助，才能打好自己的牌，经营好自己的事业。

几年前一家德国报纸接受了一项挑战，要帮法兰克福的一位土耳其烤肉店老板，找到他和他最喜欢的影星马龙·白兰度的关联。

结果经过几个月，报社的员工发现，这两个人只经过不超过六个人的私交，就把两个人联系起来了。原来烤肉店老板是伊拉克移民，有个朋友住在加州，刚好这个朋友的同事，是电影《这个男人有点色》的制作人的女儿的结拜姐妹的男朋友，而马龙·白兰度主演了这部片子。

这个故事体现了美国社会心理学家米尔格伦于1967年提出的“小世界理

论”。理论的核心内容就是：“你和任何一个陌生人之间所间隔的人不会超过五个，也就是说，最多通过五个人你就能够认识任何一个陌生人。”根据这个理论，不管对方在哪个国家、属哪类人种、是哪种肤色，你和世界上的任何一个人之间只隔着五个人。

通过这个理论，我们应该对我们生活的这个小世界有个更为清醒的认识——不要对结识成功人士存有畏惧心理，认为自己高攀不上。

按照这个“小世界理论”，我们甚至可能跟奥巴马、麦当娜、迈克尔·乔丹成为朋友，还有什么人让我们必须仰视才能见到呢？只要我们有自信，有恒心，加强联系和沟通，我们就可以交到来自各行各业的朋友，来自世界各地的朋友。

只要你善于开发，每一个人都会成为你的金矿。

二、从“矿石”中找寻真正的“金矿”

当然，贵人也要选择，一定要选择恰当的，选择最好的，选择顶尖的。他们一定要有影响力，他或他所代表的公司一定是有前景的，一定是有潜力的，而且是正当守法的。在筛选出“准贵人”之后，你要做的就是选出你的真“贵人”。

在你的人脉网络中，只要你善于开发，每一个人都会成为你的金矿。

哈维·麦凯从大学毕业那天就开始找工作。当时的大学毕业生很少，他自以为可以找到最好的工作，结果却徒劳无功。好在哈维·麦凯的父亲是位记者，认识一些政商两界的重要人物，其中有一位叫查理·沃德。查理·沃德是布朗·比格罗(Brown&Below)公司的董事长，他的公司是全世界最大的月历卡片制造公司。

四年前，沃德因税务问题而服刑。哈维·麦凯的父亲觉得沃德的逃税一案有些失实，于是赴监狱采访沃德，写了一些公正的报道。沃德非常喜欢那些文章，他几乎落泪地说，在许多不实的报道之后，哈维·麦凯终于写出公正的报道。

出狱后，他问哈维·麦凯的父亲是否有儿子。

“有一个在上大学。”哈维·麦凯的父亲说。

“何时毕业？”沃德问。

“他刚毕业。正好需要一份工作。”

“噢，那正好，如果他愿意，叫他来找我。”沃德说。

第二天，哈维·麦凯打电话到沃德办公室。开始，秘书不转接电话。后来他三次提到他父亲的名字，才得到跟沃德通话的机会。

沃德说：“你明天上午10点钟直接到我办公室面谈吧!”第二天，哈维·麦凯如约而至。不想面诚变成了聊天，沃德兴致勃勃地聊哈维·麦凯的父亲的那一段狱中采访。整个过程非常轻松愉快。

聊了一会儿之后，他说：“我想派你到我们的‘金矿’工作，就在对街——‘品园信封公司’。”

毕业一个月仍未找到工和的哈维·麦凯，现在站在铺着地毯、装饰得富丽堂皇的办公室内，不但顷刻间有了一份工作，而且还是到“金矿”工作。所谓“金矿”是指薪水和福利最好的单位。

那不仅是一份工作，更是一份事业。42年后，哈维·麦凯还在这一行继续寻找“金矿”，成为全美著名的信封公司——麦凯信封公司的老板。

哈维·麦凯在品园信封公司工作当中，熟悉了经营信封业的流程，懂得了操作模式，学会了推销的技巧，积累了大量的人脉资源。这些人脉成了哈维·麦凯成就事业的关键。

事后，哈维·麦凯说：“感谢沃德，是他给我的工作，是他创造了我的事业。”

你所认识的每一个人都有可能成为你生命中的贵人，成为你事业中重要的顾客。沃德，一个曾经身穿囚衣的犯人，都有可能成就一个人的人生和事业。做个有心人，随时随地注意开发你的人脉金矿！

环境决定命运，在那些你认为是贵人的人身边做事，你会学到很多东西。同时也会让你对他们有更深层次的了解，为你以后的选择打好基础。

怎样才能知道一个人是否是自己值得倾尽所有而结交的贵人呢？最好的办法是尝试着与他们合作一次，在面对利益的时候，一个人本性会暴露无遗。这个时候，你就能判断他们是否是你真正的贵人。

三、开发你的人脉“金矿”吧

在选定了哪些人可以成为自己生命中的贵人之后，要怎么样才能和他们真正搭上关系呢？这就需要一些技巧了，关键的是，永远不要做一个旁观者或者局外人。

很多人只知道比尔·盖茨成为世界首富的原因，是因为他掌握了世界的大趋势，还有他在电脑软件行业的智慧和执著。其实比尔·盖茨之所以成功，除了这些原因之外，还有一个关键就是比尔·盖茨的人脉资源相当丰富，而且他也相当懂得如何利用自己的人脉。

比尔·盖茨创立微软公司的时候，只是一个无名小卒，但是在他20岁的时候，签到了一份大单。

假如把营销比喻成钓鱼的话，是钓大鲸鱼，还是钓小鱼比较好呢？回答肯定是大鲸鱼。因为钓大鲸鱼钓一只可以吃一年，但钓小鱼的话得天天去钓。比尔·盖茨在创业的时候，就了解了这一点。他一开始就钓了一条大鲸鱼。

诚如前面所提到的，比尔·盖茨20岁时签到了第一份合约，这份合约是跟当时全世界第一强电脑公司——IBM签的，而这就是利用了他母亲的人脉资源。

当时，他还是位在大学读书的学生，没有太多的人脉资源。他怎能钓到这么大的“鲸鱼”？可能很多人不知道。原来，比尔·盖茨之所以可以签到这份合约，中间有一个中介人——比尔·盖茨的母亲。比尔·盖茨的母亲是IBM的董事会董事，妈妈介绍儿子认识董事长，这不是很理所当然的事情吗？假如当初比尔·盖茨没有签到IBM这个单，相信他今天绝对不可能拥有几百亿美元的个人资产。

而且，比尔·盖茨还很积极地发展国外的朋友，让他们去调查国外的市场，并且开拓国外市场。

比尔·盖茨有一个非常好的日本朋友叫彦西，他为比尔·盖茨讲解了很多日本市场的特点，为比尔·盖茨找到了第一个日本个人电脑项目，以此来开辟日本市场。

当然，雇用非常聪明、能独立工作、有潜力的人来一起工作也是一种开发人脉资源的有效途径。

天下如果有飞不起来的气球，那肯定是因为它没有被打气。天下如果有一辈子都不走运的人，那一定是因为他没有足够的人脉！能够对你有所帮助的人，不是毫无机缘地就会出现。人脉资源网络的建设需要你用心地寻找和发现，需要积极主动地投入和参与。

汤姆·霍普金斯是世界一流的销售大师，被美国报刊称为国际销售界的传奇冠军，他是吉尼斯世界纪录“房地产销售最高记录”的保持者。他曾与美国总统布什、英国首相撒切尔夫人等同台演讲。他出版的书籍被译成11种文字。

他坚持认为，赚更多钱的技巧就是去开发更多的客户，不断丰富自己的人脉资源。

虽然只有少数的销售员会否认这种说法，但多数销售员尽管同意这种说法，却不会如此做。他们知道他们必须每天去会见一堆新人才能成功，可是他们也害怕被人拒绝。但是，他们都忽略了一个事实，那就是，每一次被拒绝，实际上是赚到了钱，被拒绝的次数越多，赚的钱也越多。

这就像是一个开发金矿的过程。被其他业务员遗漏的顾客就是一个金矿，只要愿意并且能够使用他，那就有享受不完的资源。

很多人之所以在销售上失败，是因为他们不知道追踪跟进。那些失败的销售员，他们所放弃的客户正在成为别人销售员开发利用的“金矿”。

汤姆·霍普金斯曾经说过：“只要你开始致力于别的销售员遗留在公司的档案，你的收入就起飞了。你打电话给这些被遗忘的客户，重新建立你们的联系。”

这是销售的生命血脉。

从这些知名成功人士的身上，我们能明显看到的优秀品质就是：超人的交际能力。善于结交朋友，建立有效的社交圈，寻求前辈们的指导，对每个人来说都是基本的职业技能。

当然，他们能够成功，还因为善于开发和利用“人脉”这个“金矿”。如果能够充分开发和利用自己的人脉，那么必然会处处受到别人的帮助和照顾，别人难以解决的问题到了他们那里都变得简单无比。

而有些人，则不善于开发和利用自己的人脉资源，在遇到困难和阻碍的时候往往会束手无策。

四、对付那些“黄金”就要投其所好

结交贵人的时候，有一些细节一定要格外注意。不要上来不管三七二十一就与对方拉关系、谈感情，这样做不但不能达到你的既有目的，反而会适得其反。

在众目睽睽之下是不便与别人攀附关系的。因为绝大多数有身份的人是不愿意公开自己的身世和社会关系的。否则，对方不但对你产生戒备心理，旁观者也会认为你是在有意巴结他。所以，在公开场合攀附关系不但对对方有碍，也对自己有失。

与贵人拉关系最好是在背后与他闲聊的时候，或者在酒桌上小酌、在茶余饭后散步的时候，或者在他情绪好而且还具有拉关系由头的时候，在类似这样的时间和场合里与关键人物套关系最容易切中他的心意，最容易令其买账。

纽约有家著名的面包公司——迪巴诺公司，全纽约的人几乎都吃过他们的面包。但是纽约的一家大饭店却一直没有向他们订购过面包。4年来，迪巴诺每星期必去拜访大饭店经理一次，也参加他所举行的会议，甚至以客人的身份住进大饭店。不论他采取正面攻势，还是旁敲侧击，这家大饭店仍是丝毫不为所动。迪巴诺回忆当时的情形说："我下定决心，不达目的决不罢休。我想我应该改变一下以前使用的策略，于是就开始调查他所感兴趣的事情。

"不久，我发现他是美国饭店协会的会员，而且热心协会的事，还担任了国家饭店协会的会长。凡协会召开的会议，不管在何地举行，他都一定乘飞机赶去。

"我下一次去拜访他时，就以协会为话题，果然引起了他的兴趣，他眼里发着光，和我谈了35分钟关于协会的事情，还口口声声说这个协会给他带来无穷的乐趣。他还准备扩大内部组织，又极力邀请我参加。

"我和他谈话时，丝毫不提及面包。几天后，饭店的采购部门来了一个电话，让我立刻把面包样品和价格表送去。我有些喜出望外，准备好了东西，就赶到饭店。采购组长在谈正事之前，笑着对我说：'我真猜不透你使出什么绝招，使我的老板那么赏识你。'我真是哭笑不得，想想我迪巴诺面包公司并非无名，我向他推销了4年的面包，可连一粒面包渣都没有售出。如今我仅是对他所关心的事表示关注而已，形势竟完全改观。如果我依然没有发现他所关心的事，恐怕现在仍是跟在他身后穷追不舍呢。"

迪巴诺面包虽然是远近驰名的，但迪巴诺的长期攻势却未见成效，而单凭与饭店经理闲聊对方有兴致的事，形势却大为改观。这就是投其所好的绝妙之处，在使自己被对方认同并喜爱后更容易达到目的。

与贵人攀附关系不应生拉硬套，本来没有亲戚关系，偏偏七拐八绕，硬说有亲戚关系，或者本来与他的某位朋友没有什么关联，偏偏鼓吹自己与人家情深义重，这样很容易引起对方的厌恶和鄙视。所以，与贵人拉关系，要委婉自然，循序渐进，顺理成章，让他感受到虽是不经意地提起，却一语中的，牵动着他的旧情，甚至让他陷于对旧情旧事的沉湎中。如果能把与关键人物的关系攀附到这份儿上，那么，他对你托办的事情怎么会袖手旁观呢?

作为有身份的人，经常会遇到一些溜须拍马、曲意逢迎的人，这些人也在积极寻找巴结贵人的机会。因此，想要结交贵人也是竞争非常激烈的。你必须密切关注你的那些贵人的动向，一旦有什么特殊情况或特殊机遇，便可以通过一些方法成为他们的心腹之人。这样一来，何愁他不帮忙呢?

五、发掘“金矿”也可以采用迂回战术

人与人是不一样的。有的人平易近人，很好结交，而有的人却拒人于千里之外。遇到那些不太容易打交道的人，你应该怎么办呢?

俗话说一把钥匙开一把锁，再精密的锁也有开启它的钥匙。抓住了疏通关系的关键人物，就是抓住了结交贵人的钥匙。因此，你可以从他们身边的人入手。

中国人都知道利用“枕边风”好办事，有时候，当你想要赢得某人的信任时，最重要的是先赢得对方夫人的信任。利用“枕边风”达到求人的目的，这种做法古已有之。纵览二十五史，此类故事比比皆是。

东北大帅张作霖便是采取这一办事儿方法，成功地为自己打通了一条阳关大道，结果从土匪变成“官军”，从而官运亨通，扶摇直上。

奉天将军曾祺的姨太太要从关内返回奉天，此事被张作霖手下干将汤二虎探知，急忙报告张作霖。张作霖觉得这是自己翻身的一个好机会，就设计了一条计谋。

汤二虎奉张作霖之命在新立屯设下埋伏，当这位姨太太一行人马行至新立屯时，被汤二虎一声呐喊阻截下来，随后汤二虎把他们押到新立屯的一个大院里。

曾祺的姨太太和贴身侍者被安置在一座大房子里，四周站满了持枪的土匪。这时，张作霖已经接到报告，便飞马来到大院，故意提高声音问汤二虎："哪里弄来的马？"

汤二虎也提高声音说："这是弟兄们在路上做的一笔买卖，听说是曾祺将军大人的家眷，刚押回来。"

张作霖假装愤怒，说："混账东西!我早就跟你们说过，咱们在这里是保境安民，不要随便拦行人，我们也是万不得已才走绿林这条道的。今后如有为国效力的机会，我们还得求曾大人照应!你们今天却做这样的蠢事，将来怎么向曾大人交代？你们今晚要好好款待他们，明天一早送他们回奉天。"

在屋里的那位姨太太听得清清楚楚，当即传话要与张作霖面谈。张作霖立即先派人给曾祺的姨太太送去最好的鸦片，然后入内跪地参拜姨太太。

姨太太很感激地对张作霖说："听罢刚才你的一番话，我觉得你将来必有作为，今天只要你保证我平安到达奉天，我一定向将军保荐你这支武装为奉天效劳。"

姨太太回到奉天后，即把途中遇险和张作霖愿为朝廷效力的事向曾祺将军讲了一遍。曾祺十分高兴，立即奏请朝廷，把张作霖的部众收编为巡防营。张作霖从此正式告别了"胡匪"、"马贼"生涯，成为真正的清廷管带（相当于现今的营长）。

就这样，张作霖利用"枕边风"完成了由土匪到"官军"的转变，为日后做称雄一方的“东北王”打下了基础。

可见，利用“枕边风”是求人办事的一个重要手段，巧妙地加以利用，往往会收到意想不到的效果。

如果你要结交的贵人正是年富力强的年龄，正好是“上有老，下有小”的年龄，那么，在必要的时候，除了走夫人路线外，走一下老人孩子路线，迂回接近目标，拉近彼此的感情，也是办成事的计谋。所谓“曲线救国”就是这个道理。

老人因年岁高而退职在家，缺少人际交往，心里常常觉得孤寂。如果有人主动接近老人，哪怕是暂时解除老人的孤寂，老人自然非常乐意。再者，心理学表明，老年人较中青年人柔和、慈善得多，也容易接近。

小孩单纯，喜新、好奇、爱动，一个玩具、一段故事就能很快赢得小孩的亲近。

一般地说，老年人见多识广，阅历丰富，精神仓库里贮藏有大量感性或理性的“经验产品”，一有机会，他们总乐于滔滔倾诉，希望能影响、感动后人。只要你表示出愿意做老人的听众，他们总乐于主动招呼，热情交谈。

至于小孩，你若真诚地以童心相待，带给小孩新奇欢乐，小孩绝对不会拒绝你。一句话，老人、小孩由于特殊的生理和心理原因，他们喜欢与人的接近。

第二次世界大战时，利维在美国经营一家影片进出口公司，手下一名叫弗兰克的闭路电话专家脾气暴躁，动辄就和别人争吵，连利维也不例外。

一天，为了一个实验问题，弗兰克同研制组的另一位助手争执不下。他大动肝火，又拍桌子又摔东西，利维过去劝阻也被大骂了一顿。正在他们闹得不可开交时，弗兰克的小女儿走进了实验室。小女儿看见爸爸怒发冲冠的样子，吓得哭了起来。

弗兰克见状再也顾不上同别人吵架，赶快跑过去，赔着笑脸哄逗她。

看到这一情景，利维心里一亮，弗兰克虽然看谁都不顺眼，但对留在他身边的小女儿却是百依百顺，视为掌上明珠，不难看出这小女儿是他的主要精神寄托。

为了使弗兰克有充实的精神生活，利维立刻在公司附近为他租了一幢非常漂亮的房子，好让他经常和女儿生活在一起。

本来，利维手头的资金十分紧张，在这种情况下，还为弗兰克租房，弗兰克心里很是过意不去。因此，尽管利维再三动员他搬进新居，但他坚持不搬。

利维说："搬不搬家，恐怕由不得你了。"

"什么？"弗兰克提高了嗓门，"我自己不愿搬，你还敢强迫我不成？"

"我当然不敢逼你，不过，你的千金安妮已替你做主了。"利维继续说，"她说你心情不好，容易发脾气，这会伤身体的。如果她能住在附近照顾你，你就不会发脾气了。起初，我也拿不定主意，可是小安妮最后还说：'我爸爸多可怜呀，我不能让他再忍受孤独了。'"

听完了这番话，弗兰克的眼里充满了泪水，他最终顺从了利维的安排，搬进了新居。

利维为弗兰克租房，虽然破费了不少金钱，可搬家这件事所产生的影响远远不是这点儿金钱所能比拟的。利维在资金状况窘困的时刻，仍然把弗兰克的快乐看得比金钱更重要，这就不能不使弗兰克感动，甘为利维的事业贡献所有的智慧。

对老人务必态度谦恭，行为礼让。这一方面表现你的虚心、诚实，一方面显出你对长者的尊重、敬仰。

小孩天性乖巧，要用童真、童趣去与其相处，千万不能居高临下，装腔作势，虚情假意。

生意场上，总是会遇到各种各样的难关，所以在一开始就要为自己做好打算，如果当面求人办事有些麻烦，那么这个人身边的人就是帮你渡过难关的突破口。

重塑自己，叩开人脉圈的大门

第二章

曾任美国总统的西奥多·罗斯福曾说："成功的第一要素是懂得如何搞好人际关系。"还有人说，人脉是世界上最厉害的乘法。人脉资源是一种潜在的无形资产，是一种潜在的财富。

的确，当你对一个人有了更深的理解之后，你才会发现他背后的潜在价值。很多成功的商界人士都深深意识到了人脉资源对自己事业成功的重要性。曾任美国某大铁路公司总裁的A·H·史密斯说："铁路的95%是人，5%是铁。"

第一节　自省：掂掂自己的分量

一个人想要成功地敲开人脉圈的大门，就要审视自己、了解自己，才能找到最适合自己的奋斗方向。重要的是要明白自己所在的位置、分量，这样也就能够了解自己在人际交往中更需要些什么。

如果你了解自己，把自己放到合适的位置上，你就能发挥出自身的优势。

一、看清楚你的位置

如果你希望在完成某件事的时候能够有更高的效率，那么就需要了解自己，然后还要看清楚大家的位置，这些都是非常重要的基本认知。

但是，有些人总喜欢以自我为中心，自认为自己站在圆心上，认为别人围着自己转是理所当然的，仿佛这样才能够显示出自己的魅力和威严。

但是无数成功者的经验告诉我们，在人际关系中，应该学会以一种低调的态度来对待一切，这样才可以避开锋芒，保全自己，说话办事如鱼得水。

袁义泓是在英国留学的中国学生，他是一个懂得放低姿态的人。

袁义泓在剑桥大学取得了网络工程博士学位。初到美国找工作时，他每次都会拿出一叠的学历证明，认为只有这样才可以证明自己雄厚的实力。然而令他没想到的是，他每次都没有求职成功，“以自我为中心”的思想使他屡屡受挫。

在美国，很多公司认为只要普通大学生能做的事，就没有必要雇佣博士生来做，因为博士生要求的工资会很高。

无奈之下，袁义泓决定实施自己的新战略：收起自己的所有学历证明，仅以“最低的身份”去求职。

不久，他被一家大型企业录用了，职务是企业网络管理员。对他来说，这种工作实在是太简单了。但是，他干得一丝不苟，总是虚心向那些经验丰富的老员工学习。很快，他取得了很好的成绩。

老板是个精明人，很快发现袁义泓不仅工作做得好，还能发现一些隐藏的网络联结的错误。而这一点，一般的企业网络管理员是很难做到的。

开始的时候，老板也觉得很奇怪，就问袁义泓到底是什么学历。袁义泓不失时机地拿出了自己的学士学位证书，老板看到后很惊讶，于是给他换了一个与他的专业更对口的职位。

过了一段时间，老板又觉得不对劲。因为袁义泓不仅能很好地完成了自己分内的事，还经常提出一些独到的建议和很多创新的方法。而这些，一个普通的大学生是很难做到的。

在老板的追问下，袁义泓又拿出了自己的硕士学位证书，老板又马上把他提升到了相应的工作位置上。

又过了一段时间，老板还是觉得不对劲，因为袁义泓的工作表现远远超出了一般的硕士生。在老板的再三追问下，他终于拿出了自己的剑桥大学网络工程博士学位证书。

老板恍然大悟，袁义泓这种不以自己是博士生就骄傲、狂放，反而认真学习的态度让老板很是感动，毫不犹豫地重用了他，当然他的才能在企业中也得到了最充分的发挥。

美国的一家电话公司曾经做过一项趣味问卷调查，问题是：“在接打电话时，哪一个词出现的次数最多？”他们分别对500个用户进行了电话调查，谈话时间都是相同的。结果显示，第一人称“我”被使用了3955次。

很多人都抱怨生活对自己不公平，抱怨人际关系太难处理。其实，当我们在抱怨自己的各种不如意的时候，其实都是以自我为中心的一种表现。

在抱怨的时候我们的眼中就只有自己，而看不到别人带给我们的友善和帮助。一个只能看到自己的人是很难融入到周围人的圈子里的，因为他不懂得互惠互利调的道理，这样的处事方式，又何谈人缘？

二、别把自己想得太了不起了

在与人交往的过程中，需要把自己的位置摆正。自以为是、高高在上并没有好处，相反，从越高处摔下来就会越痛。所以，如果想建立人脉、实现理想、成就事业，不妨把自己的位置放低一些，把自己当普通人，踏踏实实做事，谦虚平和待人。

有位哲学家曾经说过：“要想达到最高处，必须从最低处开始。”中国人也常说：“地低成海，人低成王。”说的都是为人处世要把自己的位置放到最低，才能取得成功。

苏美珍是知名大学的博士毕业生，尽管学历高，但是她在工作中却并非一帆风顺，总是会因为一些原因而不停地换工作。她发现学历虽然光鲜，但对企业来说，只有对他们有用的才能才有价值，而且学历太高也容易被同事们孤立起来。在工作受挫的过程中，苏美珍渐渐学会了把自己的位置放低。

在过五关、斩六将之后，苏美珍成功进入了一家世界500强企业做研发工作。开始上班后，苏美珍并没有马上能够去做研发，而是被分配做很多不起眼的日常事务，甚至有的同事经常把本来不该她负责的工作交给她做。

对于这些，苏美珍并不感到委屈，也从不以博士生自居。她认为自己首先要做的是熟悉工作环境，与同事们打成一片。

对于那些本来不该她负责的工作，苏美珍也尽量做到最好。苏美珍觉得：第一，反正在办公室都是要做事的，只要是公事，她都应该把它当做分内事来做；第二，做这些工作是很好的学习机会，可以学到很多关于公司业务的知识；第三，这是跟同事搞好关系的机会，如果自己帮别人一些忙，可以留下好印象。

试用期过后，苏美珍不但熟悉了公司业务，而且跟同事相处融洽。公司安排苏美珍开始做她最擅长的研发工作，这时大家才注意到，名校博士毕业生的能力确实非同一般。

苏美珍正是能够把自己的位置放低，主动去适应环境，低调做人、踏实做事，才赢得了大家的好感，在同事中间搭建起了自己的人脉网，使得自己的事业有了一个崭新起点。

海的位置最低，所以可以容纳百川；人把位置放低，便可以容纳更多的人脉资源。

杨倩华大学毕业后，没有找到好工作，就来到一家女装店打工。她感觉自己和其他店员不同，自恃学历高，每天都梦想着自己很快就会拥有一家属于自己的服装店。

卖服装的时候，杨倩华常常心高气傲，不仅和同事的关系搞得很僵，而且很多顾客也被她高傲的态度给气走了。因为店员的收入与提成有关，月底业绩排行杨倩华排到了最后一名。于是老板娘便把万分沮丧的杨倩华叫到了一旁。

开始的时候，老板娘想帮助杨倩华分析在女装店业绩低的原因，可是杨倩华丝毫都不感兴趣，她摇头说："跟您说实话吧，其实我不在乎业绩，我在这儿工作，只想来学习一些经验……"

老板娘问她：“学习经验的目的呢？”

杨倩华说：“自己开一家这样子的服装店。”

听完她的话，老板娘知道再不帮助这个女孩打开心结，她就一辈子生活在梦想里了。

老板娘对她说：“你上了四年大学，所以你应该也明白很多道理，你真的觉得开一家店是那么容易的事情么？当初我开这家店之前，经历了很多的事情，也吃了很多苦，这些都是你从来没有体验过的。而且开一家店需要足够的资金，你之前如果没有认真工作、认真攒钱，那你用什么资本来开一家店呢？”

可能是老板娘的话有些太直白，杨倩华低下了头。

老板娘接着对她说：“有一个远大的目标是个好事，可是一开始你得先做到脚踏实地，不能一上来就把自己摆在那么高的位置上。如果你给自己定一个目标，5年后要做老板自己开一个品牌女装店，你今天要学什么？首先，要知道怎样做好一个服务员，怎样搞好自己的人际关系，否则5年后怎么管理服务员呢？学会与同事相处、与上司相处、与顾客相处……”

就这样，杨倩华开始了脚踏实地的生活。

后来，一个熟客问老板娘：“这样鼓励杨倩华，她5年后万一要是没能成为老板怎么办？”

老板娘说：“杨倩华出身平凡，没有什么家庭背景。而且以她这种为人处世的方式，很容易就会得罪人，这样她将来是无论如何也不可能实现自己的理想。所以现在就让她认清现状，让她摆正自己的位置，即使5年后做不了老板，她也是个优秀的店员……无论如何，都比现在要好。况且，杨倩华有学历，语言表达能力也都不错，如果她能用心投入现在的工作，多学一些经验，未来的机会多的是。”

只有找到自己合理的定位、放低位置，才能让自己更加容易与人相处、积累更多的人脉。如今的杨倩华，发挥了自己知识丰富、口才又好的才能，和很多顾客相谈甚欢，让女装店出现了“客带客、客荐客”的好情形。她和同事也相处融洽，被同事推举为“头儿”。

年轻人可以志存高远，位置却不妨放低。生活中需要我们容忍的事情太多了：压力、紧张、错误、失望……如果总把自己放在高处，什么都容不下，便会发现自己陷于困境，举步维艰。

把位置放低，不是胸无大志、委曲求全或者自我否定，而是谦虚低调，不急于表现自己，不急于寻求他人的肯定；是在肯定自己实际能力的同时，认清自己的不足之处；是放低姿态，不以“太阳”自居，适当改变自己，主动适应环境。

在人际交往中，我们需要改变狂妄自大、以自我为中心的思维。把自己的位置放低，别太把自己当回事儿，以低调谦虚的态度去学习、思考，才能更好地建立自己的人脉关系网。

三、没人喜欢自以为是的人

如果人们不喜欢你，往往是由于你的过错。也许你的情商不高、太苛刻、自我控制能力不强，谁同你在一起都会感到阴云密布。你自己并没有意识到都做了些什么，看到的却是办公室的人们相约去酒吧小聚，唯独没有邀请你。

有些人在不知不觉中便不得人心和不受周围人的欢迎了。他们说话没人爱听、观点少人支持，他们总感到别人不太“合群”，其实是自己不“合群”了，以至别人不屑与之为伍了。是什么原因导致他们陷于如此被动的境地？

刘子瑜是某高校的高材生，本科毕业后保送研究生，研究生毕业时导师还劝他读博。但是刘子瑜已经接到了一家知名企业的录用通知，待遇很好，而且领导十分赏识他。于是刘子瑜便选择了工作。

他原本认为以自己的才干，可以在公司里大展拳脚，可是没想到之后的发展却事与愿违。

刘子瑜做事既干练又条理清晰，领导对他的工作表现十分满意，大家刚开始也很佩服这位名校毕业的研究生。但过了一段时间之后，刘子瑜的上司和同事却渐渐对他产生了不满。其实，大家对他的不满，只是因为一些看似不起眼的“小事”，可是这些小事就彻底断送了刘子瑜在公司里的人脉。

有一次，刘子瑜跟李成刚吃饭，无意中谈到有些用人单位非要招重点学校毕业生的问题，刘子瑜没等李成刚表达自己的观点，就开始高谈阔论了起来：“高考这么容易，是人才的话，考个重点有什么难的。前些日子我看到网上有人说名牌学校出来是名人、重点学校出来是人才、垃圾学校出来是垃圾，还真有一定的道理。”说完还大笑起来。

毕业于非重点院校的李成刚听了刘子瑜的“高论”，心里很不是滋味，此后就总觉得刘子瑜瞧不起自己。其他同事多数也是普通院校毕业，见刘子瑜整天把他原来就读的那所名校挂在嘴边，也觉得他目中无人，于是大家都开始渐渐疏远他。

又有一次，刘子瑜看到韩子轩在整理一叠普通大学MBA班的资料，便忍不住想表现自己的见多识广：“哟，准备充电呢？别考这种破文凭，太水了！随便什么人花点钱就能买到的，不值钱。”韩子轩一言不发，他没告诉刘子瑜，这些材料是帮刘子瑜的顶头上司准备的。

平时聊天或者工作，刘子瑜自以为懂得多，经常随口“指教”别人，或者当众指出别人的缺点和失误。慢慢地，大家都不再喜欢与他共事，还悄悄议论他“自大狂”、“清高”、“自以为是”，从而将他孤立起来。

刘子瑜能力上或许很优秀，但为人处世上就做得不尽如人意了。以为自己什么都懂，处处显示出自己“见多识广”，在不知不觉中已经成为了一个让人嫌恶的人，影响了自己的人际交往。他犯的这些错误或许完全是无心之失，但归根结底是心态上太自大，太高傲。

自信是每个人必须要有的态度，但如果少了谦虚谨慎，自信就会变成自大。“自大”多一点就是“臭”字，在生活中，很多人常常就是因为多了这么一点的自大，就引起周围人的不满，变成一个招人厌恶的人，从而使得自己的人脉网难以建立。

在我们身边不难发现这样的人，他虽然口才了得，能力出众，但却让别人很难接受他的任何观点和建议。这种人往往是因为自大，想要表现自己有多么出色、多么了得，结果却适得其反，失去了别人的认可。

谁都希望得到别人的肯定，都有意无意地处处维护自己的形象和尊严。许多人喜欢处处显摆自己懂得比别人多、能力比别人强，以此来寻求一种优越感。在不知不觉中，这种高人一等的为人处世方式对他人的自尊形成了一种压迫，别人自然就会产生排斥心理甚至是敌意，这对人脉关系网绝对是一种很大的伤害。

谦虚永远不会让人反感，反而还会让自己受益匪浅。如果你不想要被别人反感、疏远的话，那就千万不要骄傲自大和自以为是，注意谦逊平和、以礼待人。这样的话，你的人际关系就会变得和谐起来，从而使得你的人脉更加牢固，生活和事业自然也就更加顺遂。

四、把握好自己留给别人的印象

你的同事、朋友，最常评论你的一句话是什么？他们对你有没有一句话的定义？

一个人留给别人的印象就相当于一个品牌的品牌形象和品牌口碑，一个品牌如果可以建立起一个良好的口碑，品牌的形象如果给人一种清晰的、强有力的正面形象，那么别人一想到这个品牌，这种正面的形象就会浮现在他们脑海中。所以你留给别人的印象体现了你在别人心目中的价值、能力以及作用，是你在人际交往中的第二个自我，影响着别人对你的看法。

当他人需要做某事的时候，第一个想到的人是你，那么，在某件事情上你具备绝对的优势，被大家强烈需要。如此一来，好人脉，好前途，还会远吗？

在房地产界，潘石屹不是最有背景的人物，但他是一个最能利用市场化意义上的社会资源的人。潘石屹说："大概在七八年前，设计师在我的名片上设计了一个穿着唐装的漫画潘石屹，后来就成了LOGO。一个活生生的人总比一个标志好，这就成为了公司的标志。后来很多记者就说'你行吗'，我就说米老鼠和唐老鸭就是两个品牌标志。"

他充分利用了市场战略中的差异化策略。物质产品的造型设计是最容易被模仿，有时也是最不具备核心竞争力的东西。于是潘石屹拍广告、拍电影、出书、做主持人，把自己建立为品牌，为商业铺路。他说："说我善于表演，其实质是商业的需要。你不出去表演没人知道你，房子就卖不出去了。

"我对媒体一直深怀敬畏，再小的报纸，也有成千上万的读者，比你一个人挨个宣传省力多了。所以，只要可能，我会尽量满足媒体的采访要求，像祥林嫂一样，一遍又一遍讲述自己的童年往事、创业史、人生观、世界观、财富观、地产观、艺术观……"

从商业的角度来评价他，他是在极富天分的灵感发挥下，能够抓住稍纵即逝的市场机会进行另类出击的人。

如果凡事都想着要超越前人，那是很笨的一种做法。毕竟与前人相比，你的起步已经晚了。然而，如果能够明白自己要走哪条路，那么就可以独辟蹊径，获得成功，这是因为你在别人的印象中表现得与众不同。

所以我们应该努力建立自己个人的“品牌形象”，这个印象一旦形成，就很难改变，因为世上最难的事就是改变别人的大脑。一旦形成了自己个人的“品牌形象”，就会让人对自己印象深刻，这对于人际交往——尤其是巩固自己的人脉圈——有着不可忽视的功效。

第二节　提升你被利用的价值

为自己造势和笼络人心，可以提升自己的价值，这样也就会有越来越多人想要“利用”你，这是成功叩开人脉这条捷径的第一步。如果能够成功地为自己造势和笼络人心，将会使你的成功来得更快更容易。

想要获得好的人缘势必要为自己营造一个有利于自己的氛围，并且时时地笼络人心。想要在自己的事业上获得提高，就必须扩大自己的朋友圈，而这些朋友圈都是能帮助你事业更上一层的强力“阶梯”。

一、为自己造势

每个人都希望自己能够拔尖，能够出众，能够赢得多数人的喜欢和重视，这是一种很正常、很普遍的愿望。它能促使人们不满于现状努力向上攀爬，也可以敦促人们积极地扩展自己的事业。

杰出的金融家、慈善家和艺术品收藏家阿曼德·哈默常常朝气勃勃、充满活力，而且他非常善谈，他的热忱感染了很多人，很多人都为他的才华倾倒。

哈默能够取得成功，是因为他懂得如何恰当表现自己，假如他沉默寡言，即使自己拥有杰出才干仍然保持缄默，他也不可能取得如此成就的。

成功者无不需要具备这一特性，那就是要善于使人们了解到自己卓越的才能，在熙熙攘攘的人才中一枝独秀，赢得众人的青睐，从而进一步赢得人心。

为自己造势听起来很有炒作、虚张声势之意，但什么事都有一个度，例如，处心积虑和用心良苦，虽然说的都是相似的心理状态，但给人感觉截然不同，所以关键是正确理解造势的定义。

很多人认为“为自己造势”就是宣传、炒作、咄咄逼人等不好的做事方法。但实际上“为自己造势”可以理解为“通过塑造能够给予自己积极认知与评价的环境，而营造出有利于自己事业发展的空间。”

余秋雨虽说现在大红大紫，炙手可热，可他刚出道时那个窘状，很多人恐怕都不知道。据余秋雨《文化苦旅》的责任编辑王国伟说，那本书稿到他手上之前已遭两家出版社退稿，他决定出版之后，征订数也只有区区1400本，也就是说连最低开印数也没有达到。于是他们发动传媒“为此书造势”，书出版之前与之后的一个月间，组织了很多人写了300多篇评论发表在全国各地的主要报刊上。结果一炮打响，一版再版。当然，除了“造势”有功，余秋雨的文章也确实不错。

加西亚·马尔克斯凭借《百年孤独》成名之前，已经写出了他最好的两部小说《上校没有来信》和《格兰德大妈的葬礼》，但他的名气却只限于文学小圈子，比起写作年龄比他短、年纪也比他轻的巴尔加斯·略萨和富恩特斯，名气小多了。可是在他结交了一批朋友后，这群朋友教他并帮他“造势”，于是，情况就不同了。

在他还未动笔写《百年孤独》之前，朋友们已向出版界大力吹风，说有一部惊人之作将要出现，刚写了几章，就同时在各报发表小说的片断。当小说快要出版时，各大报正版刊登他的访问记，朋友们组织的评论也都对此书进行长篇大论。所以，小说后来极其畅销，成为世界名著，也顺理成章了。

在社会上打拼的你，要适当地为自己“造势”，提高周围人对你的积极评价，而这些众人的评论自然会有一天一传世、十传百，那你的发展机会就来了。

二、笼络人心

很多时候，“人心”也是一大资源。有可能仅仅因为别人在上司面前的一句话而让一个职场新人少奋斗很多年。在社会上打拼的每个人，都希望自己的工作能赢得众人的认同、肯定，以及赢得社会地位的上升。那么，怎样才能赢得这些肯定呢?

1. 学会吃亏。谁都不愿意吃亏，但是很多情况下适当地吃亏却能让你笼络到人心。心理学家就认为，其实吃亏是一种能力，学会“吃亏”，就是让自己在人际交往或合作中不要“斤斤计较”，要学会分享，帮助他人，对人对事显得大度一些。这会大大改善你的人际关系。

2. 善用公文包。如果你每天上下班夹个公文包来，那一定能让老板或同事们认为你专注于工作，也许你的包一到办公室就被扔到一边。或许你的公文包每天仅仅出现在你去吃午餐的时候，但那些已经不重要了，因为你专注于工作的信息已经被传达出来了。

3. 多理解他人。与别人相处理解也是很重要的，能理解同事或合作伙伴的感受，站在对方的角度来看问题，说话、处事方面多考虑他人，多一些理解，这能使得自己为人处事方面更客观，能够接纳他人。你理解别人一点，那别人也就不会对你太苛刻的。

4. 时刻保持抖擞精神。站得直，坐得正可以让你看上去一直是精神饱满的、充满自信的。你当然肯定也不希望同事或老板看到你整天无精打采地缩在自己电脑前吧，除非你昨天熬了一夜要完成一个报告。

5. 多一些笑容无论是在工作还是生活中，谁都不喜欢和一脸严肃的人交谈，都会喜欢和挂满笑容的人交谈。而笑容能让你更美丽，笑容能让你更自信，笑容也是人际关系的润滑剂。让自己每天多一些笑容，带着笑容工作，带着笑容和他人相处，这能让自己和他人都感到更快乐。

6. 表里如一，真诚待人在社会上打拼，虽然适当地阿谀奉承的确有利于发展，但是如果你既在比自己高一层的领导面前奉承拍马，又在和自己同级或层次低的人面前趾高气扬，这样要获得好的人际关系是很难的。好的人际关系，实际上更需要表里如一、真诚相待。在人际交往上简单一些，实在一些，就更容易获得他人的信任。

7. 多与人沟通。学会多与他人沟通交流，尤其是你周围的同事们，因为他是你最近的人，也可以说是在工作上最了解你的人之一。他们会给你带来很多你并不知道的信息，记住，一切都应该是很自然的，没有人喜欢僵硬分子。

8. 敢于担当。在自己工作出现错误时，敢于承担责任，而不是指责他人，推卸责任。做到这一点，那是值得他人托付的人，容易承担重要职责，获得他人的信任，并拥有好的人际关系。而责任心也很容易得到领导的青睐。

9. 少猜疑，多信任。有些人在同事交往中，经常带着猜疑和不信任的态度，其实人都是很敏感的，如果你对他人不信任，即使你不说出来，但从你的眼神肢体语言也能让他人感觉到。而有些人更是会捕风捉影、说三道四，这会大大影响人际关系。所以，人际交往中，要学会基本的对人的判断，也应该对他人有信任。

三、没有利用价值，谁愿意和你交朋友

身处社会，人脉是成功的一大保证。只有在社会上中有效地建立起自己的人

脉关系网，才能真正地提升自己的价值。

这就需要我们展现自己的价值，建立一个“值得被利用”的形象。

台湾地区花旗银行商人银行处处长韩蔚廷认为，“说到做到”是他最希望自己在别人眼中的样子，也是他一直以来奉行的信念。而也正因为他“绝不过度承诺”，不管是朋友、同事还是客户，都很信任他。

而美商摩根大通集团台湾地区负责人郭明鉴表示，如何建立一个让人信任的形象，是让人脉竞争力可以产生正向循环的关键。如果一个人讲的话每次都要打七八折，那么他认识的人越多，带来的负面效应就越多。

这样一来，我们就可以最大化自己的利用价值。在这个方面，摩根大通亚洲副总裁杨耀宇就做出了表率。因为他有投资方面的知识，周围的朋友都想找他咨询，他对此稍加利用，就建立了一个广大的人脉网络。

应该乐于与别人分享。不管是信息、金钱利益或工作机会，懂得分享的人，最终往往可以获得更多。“赚钱机会非常多，一个人无法把所有的钱赚走。”曾禹旖常这样对属下说。而敦阳科技总经理梁修宗、友旺科技总经理欧阳自坤都是这类型的人，梁修宗的口头禅是：“只要跟着我，就有钱赚。”

更重要的是，要珍惜每一个帮助别人的机会。

成功人士都十分注重人脉，调查显示：成功85%来自于人脉，只有15%来自于专业知识。世界顶尖激励大师安东尼·罗宾曾经说：“人生中最大的财富便是人脉资源，因为他能为你开启所需要能力的每一道门，让你不断地成长，不断地贡献社会。”所以，每一个想在这个社会上取得成绩的人，就必须注意经营和积累人脉。

刘文景大学毕业后，应聘到一家报社广告部工作。工作期间，他时常接触到一些大企业的客户，于是他就长了一个心眼。他在给这些大客户们搞创意或争取版面时都异常卖力，从来不偷懒，而且经常还会征求他们的意见。他的举动使得这些客户对他的态度非常满意，因而彼此间关系十分融洽，为他带来了很牢固的人脉资源。

人往高处走，水往低处流，刘文景在这家报社工作了一段时间之后，准备出来单干。后来，他自然而然地想到了这些过去合作过的大企业客户。于是他就跟这些以前对他颇为赞赏的客户们联络，恰好其中有一位大企业客户提到他们公司的产品在该市还没有专卖店，于是刘文景就跟销售部的负责人谈起此事。鉴于以前双方良好的合作关系，人家当然很给刘文景面子，于是在众多竞争对手条件都差不多的情况下，这家公司把独家销售权给了刘文景。

其实展现自己的价值并不一定单指那些“没有权势的人”向“有权势的人”展示能力、寻求机会，也可以作为本身就具有一定资本的人施以恩泽、笼络人心的方法。毕竟现在默默无闻的人将来也是有可能会一飞冲天的，到那时，这些受人恩惠的人就会知恩图报。在自己有能力帮助朋友的时候施以援手，也同样是一种展示自己价值的方法。“得道多助”虽然是老生常谈，但台湾地区花旗银行副总裁程耀辉却一直秉持这个信念，不管往来的人职位高低，他总是尽量帮助别人，所以大家总是知道：“有事找他就对了”，而之后他一旦有什么需要，那些获得过他帮助的人自然也就倾力而为。这就是程耀辉人脉竞争力突出的地方，他也凭着这条捷径在自己的事业上平步青云。

四、能被利用也是种骄傲

人脉的最高境界就是互利互惠，而非一个人单打独斗。当你发现某个人对你有利用价值，而主动与之建立关系的时候，如果发现你不过是个腹中空空的草包，那么想必他对同你做朋友也不会有多大兴趣。

谁不希望结识那些能力强的人呢？可以假设一下，有一个人，他对你冷漠，既不能与你信息共享、情感沟通，也不能与你互相帮助，但是一有困难就跑来找你，这样的人你会和他做朋友吗？恐怕不会。朋友之间的关系不是简单的索取或奉献，而是彼此互求互助。由此可见，如果你想赢得朋友，那就必须在你们之间有种互利关系，这是牢固你们关系的--个根本。

李云军是一位青年演员，英俊潇洒，很有天赋，演技也很好，刚刚在电视上崭露头角。为了进一步增加自己的知名度，他非常需要一个公关公司为他在各种报刊上刊登他的照片及有关他的文章，但是他没有钱，也没有机会。

后来，经朋友介绍，他认识了阎晶晶。她曾经在纽约最大的公共关系公司工作过好多年，不仅熟知业务，而且也有较好的人缘。几个月前，她自己开办了一家公关公司，看准了公共娱乐事业的巨大利益，希望能够成功地打入这一领域。但是让她烦恼的是，到目前为止，一些比较出名的演员、歌手、夜总会的表演者都不愿与她合作，她的事业始终没有打开局面。

李云军与阎晶晶一拍即合，立即联手。李云军成了阎晶晶新公司的代理人，公司为他提供媒体宣传所需要的经费。这样，李云军不仅不必为自己的知名度花钱，而且随着名声的扩大，也使他的演艺事业蒸蒸日上。同时，阎晶晶也借助李云军的名气变得出名了，很快就有一些有名望的人找上门来。二人各取所需，合作愉快，他们的关系也因此变得更加牢固。

生活中，我们经常听到一些人抱怨朋友不讲交情，不够哥们儿。其实，引起抱怨的主要原因就是自己的某种需求没有得到满足，而这种需要何尝不是功利性的呢?

从某种程度来说，人们常常说的那种没有功利性色彩的友谊，几乎是不存在的。所以，大可不必一味追求所谓的“没有任何功利色彩的友情”，也不必抱怨别人是多么势利，而是应该多想一想自己可以为别人提供什么价值？

人脉就像一张网，每个人都是网上的一个结点，有的结点非常脆弱，不能更好地连接更多的人。而有的结点则在整张网中都起着非常关键的作用，它连接起了越来越多的人，这些点被我们称之为关键结点。

毫无疑问，这些成为关键结点的人脉是丰富的，那么如何成为人脉网中的关键结点呢？方法只有一个，那就是提升自身的价值，说白点，就是被人利用的价值。

“被利用”的价值，这个词听起来好像过于功利了，而人际关系心理学家认为，互利是人际交往的一个基本原则。虽然我们的社会提倡奉献和利他精神，但这是一种最高层次的人际交往境界，很难要求所有人都做到这一点。

人之所以需要与人交往，多半时候，都是想从交往对象那里满足自己的某些需求，这种满足，既有精神上的，也有物质上的。所以，按照人际交往的互利原则，人们实际上采取的策略是：既要讲感情，也要有功利。可以说，人际交往中的互惠互利合乎我们社会的道德规范。

第三节　合作的巅峰：互相利用

社会大分工的时代，本来就蕴含了合作才能共赢的本意。人是社会性的动物，唯有融入社会，依靠社会的力量才能做得成事情。作为商人也必须依靠众多的朋友才能做得成生意，从而赢利。

千万不要过度迷信自己的力量，一个人的力量就像是滴水之于大海，实在微不足道。一个人终其一生，顶多在一两个领域颇有建树，大多数领域对他来说，都是未知，都是零，要想做成更多的事，做成更大的事，只有依靠群体，依靠众多人的合作才能实现。

那些成功的人从来不认为自己的成功是靠一己之力创造的，比尔·盖茨曾说："我之所以成功是因为有更多的成功人士在为我工作"；牛顿也承认其之所以看得比别人远，是因为他站在巨人的肩膀上。这里的"巨人"除了指那些前辈科学家，还有他的朋友，他的人脉。

一、这是一个需要合作的时代

每一个成功人士，背后都一定有一个团队在支持他。当下是一个合作的时代，没有合作，成功无从谈起。

张瑞敏领导下的海尔一向是国人的骄傲，可是，伟岸如海尔也是凭借团结的力量才走到今天的。海尔的每一单生意，没有合作都无法进行。比如有一次，德国的一位经销商要求海尔务必在两天之内将货物送到，否则他们就取消订单。海尔人当然知道这两天意味着什么。这意味着在德国经销商打来电话的当天，他们就必须将货物装船。这简直是无法实现的。

然而，此刻海尔人迸发出了强大的力量。他们分工合作、齐头并进，联系船期的联系船期、调货的调货、报关的报关，全部都投入到这场"战斗"中。当天下午五点半，当德国经销商收到了海尔发货的消息后。非常震惊，继而由衷地表示感激。

正是这种强大的合作力量，最大限度地调动起员工的积极性。海尔在奉献出最好的产品和服务的同时，也赢得了最大的荣誉和效益。

一个成功的人或是一家成功的公司，必然是精诚合作的单位，海尔公司便是最好的说明。成功者尚且如此，作为普通人的我们更应该将合作“进行到底”，这样才能增加成功的几率。

有人或许对此不屑一顾，认为自己不需要合作。他们的理由是自己的生活圈子简单，并不像某些大老板和领导那样忙碌，所以不需要复杂的人脉与多方面的合作。这样的想法无疑是错误的，因为在目前的社会环境下，合作已经无处不在，它渗透到了你每天的日常生活中。

合作双赢！只有合作，每一个人才能将自己的才华最大化地施展。积极培养与人合作的能力，努力创造双赢的机会，成功才不会拒你于千里之外。

二、双赢才是王道

激烈的竞争，需要真诚的合作。合作需要“双赢”为保证，合作的任何一方，不赢反亏，就失去了继续合作的基础。在合作中受到伤害，就可能陷入“你死我活”的游戏恶圈中。

一只狮子和一只狼同时发现一只小鹿，于是商量好共同追捕那只小鹿。它们合作良好，当野狼把小鹿扑倒，狮子便上前一口把小鹿咬死。但这时狮子起了贪心，不想和野狼平分这只小鹿，于是想把野狼也咬死，可是野狼拼命抵抗，后来狼虽然被狮子咬死，但狮子也身受重伤，吃完了小鹿之后，再也没有能力去捕获猎物了。

试想一下，如果狮子不如此贪心，而与野狼共享那只小鹿，岂不就皆大欢喜了吗?

这个故事讲述的道理就是人们常说的“你死我活”或“你活我死”的游戏规则!

人生犹如战场，但毕竟不是战场。战场上敌对双方不消灭对方就会被对方消灭。而人生赛场不一定如此，为什么非得争个鱼死网破，两败俱伤呢?

大自然中弱肉强食的现象较为普遍，这是出于他们生存的需要。但人类社会与动物界不同，个人和个人之间，团体和个体之间的依存关系相当紧密，除了竞争之外，任何“你死我活”或“你活我死”的游戏对自己都是不利的。

当你踏入社会工作时，建议你也采用“双赢”的竞争策略任何“单赢”的策略对你都是不利的，因为它必然会有这样的结果：除非对手是个软弱角色，否则你在与对方进行争斗的过程当中，必然会付出很大的心力和成本，而当你打倒对方获得胜利时，你大概也已心力交瘁了，甚至所得还不足以弥补你的损失。

即使你一时赢了对方，也有可能因为你的“单赢”策略引起对方的愤恨，成为你潜在的危机。在进行争斗的过程当中，也有可能发生意外的情况，而这会影响本是强者的你，使你反胜为败!

所以无论从什么角度来看，那种“你死我活”的争斗在实质利益、长远利益上来看都是不利的，因此你应该活用“双赢”的策略，彼此相依相存。

在人脉资源上，注重彼此和谐与互助合作，面对利益时与其独吞，不如共享。在商业竞争中，讲求“有钱大家赚”，这次你赚，下次他人赚，这回他多赚，下回你多赚。何必如此贪心?

总而言之，“双赢”是一种良性的竞争，更适合于现代社会的相互竞争。不过，人在自己处于绝对优势时常会忘记前面那则寓言所描述的状况，其最终的结果也必然是赢得凄惨。这种赢又有何意义?

三、助他人得道，你也升天

在成功的道路上，任何人都离不开他人的帮助。有时候你需要帮助别人，有时候别人也需要你的帮助。人都是有感情的，你帮助了别人，他一定会对你心存感激。无形之中，这个人就被你网络进了自己的人脉网。

来而不往非礼也，将来你需要帮助的时候，你曾经帮助过的那些人也会对你施以援手。如果你曾经帮助过很多人，那你离成功还会远吗？

台北市内湖科学园区的益登科技，因为代理全球绘图芯片龙头厂商的产品，从默默无闻的无名小卒，迅速跻身为台湾第二大IC通路商。总经理曾禹旖赤手空拳，在6年内打拼出了一家市值逾新台币80亿元的公司，他靠的是什么？

与曾禹旖相交二十多年的友人吴宪长说：“在同业中或同辈中，论聪明、论能力，曾禹旖都不能算顶尖，但是，他能有这个好运，八成以上的因素在于他的人脉。因为他很愿意与别人分享，大家才会利益共享，机会之神也才会眷顾他，而不是别人。”

“有怎样的度量，就有怎样的福气”，从小曾禹旖的父母就是这样教导他。受父母的影响曾禹旖从小就懂得了与人分享的重要性。他时常帮助身边的人，无论是来友、合作伙伴还是竞争对手。这为他积累了大量的人脉，这些人脉也为他事业的成功发挥了巨大的作用。

除了分享，拓展人际关系的另一大法宝就是伸出热情的手，去帮助和关怀别人。你的帮助，不仅能助人一臂之力，而且能给对方带来力量和信心，使他们有更大的勇气去战胜困难。也许这对你来说只是举手之劳，但对别人来说却犹如雪中送炭，那么别人对你就会有“滴水之恩，当涌泉相报”的感激。

在这个商品经济时代，越来越多的人表现出自私自利的人性弱点，有人甚至为了自己的利益，不惜损害别人的利益。可是，俗话说得好，这一辈子谁还没有用得着谁的时候？你知道哪块云彩会下雨？世事无常，谁都不知道将来会需要谁的帮助，与人方便，自己方便，何乐而不为？

埃·哈伯德说：“聪明人都明白这样一个道理，帮助自己的唯一方法就是去帮助别人。”很多人在建立和扩大人脉网的时候，都会有无从下手的感觉，事实上，只要你能在别人需要帮助的时候，愿意伸出你热情的手，你的人脉网就会越来越宽广。

第三章 打进人脉圈

在人们追求事业成功和幸福快乐的生活过程中，同样也存在一个类似血脉的系统，我们称它为人脉。如果说血脉是人的生理生命支持系统的话，那么人脉则是人的社会生命支持系统。

常言说“一个好汉三个帮，一个篱笆三个桩”，要想做成大事，必定要有人脉网络和人脉系统的支持。

人脉是一种资源和资本。你在公司工作最大的收获不只是你赚了多少钱，积累了多少经验，更重要的是你认识了多少人，结识了多少朋友，积累了多少人脉资源。这种人脉资源不仅对你在公司工作时有用，即使你以后离开了这个公司，还会发生作用，成为你混迹于这个社会的重要资产。拥有它之后，一旦你在发展自己的事业的过程中遇到什么困难，你可以向自己人脉网络中的朋友求助。

人脉资源是你终身受用的无形资产和潜在财富！

第一节　微笑是最美的语言

微笑是化解敌意的溶剂，可以溶解对方的敌意，使对方在不知不觉中折服于你的人格魅力。当一个人对你怀有敌意的时候，他的心灵充满了戒备，时刻准备着应付你发起的反击。但是当你给他的不是拳头，而是一个大度的微笑的时候，他会措手不及，他的心灵会被这个微笑所震撼，紧闭的心扉也会因此而打开。这样自然也就多结交了一个朋友，而少了一个敌人。

微笑是化解尴尬的润滑剂。当我们和朋友之间的交往出现了摩擦而变得生涩的时候，当我们因为过去的误解感到无法互相面对的时候，微笑往往能够弥补我们之间的裂痕，让彼此变得更加和谐。人脉的维系也因为微笑而变得容易起来，因为微笑是人与人之间最短的距离。纵使再远的空间阻隔，只要一个微笑，就能拉近彼此的心灵。

微笑是浇灌人脉之树的甘霖。我们常常用“迷人”这个词语来形容人的微笑，当你用微笑面对着一个人的时候，你收获的是同样美丽的微笑。微笑着的人是受欢迎的人，你可能没有显赫的官位，你可能没有豪华的轿车，你可能没有美女相伴，但这一切都不能剥夺你微笑的权利。

一、微笑的力量

微笑是世界上最美的表情，给自己一个微笑，是面对一切如意或不如意时的坦然，留一个微笑给别人，是千言万语都可以包含的纯真。每个人都愿意看到微笑的表情，而不是苦闷的表情。拥有微笑，阳光会不请自来，人脉也会不请自来。

微笑是世界上最美的语言，是两个人之间最短距离的表示，它具有神奇的魔力。真诚的微笑是交友的无价之宝，是人们交际时的通行证。

你可能会说，微笑有什么了不起的，不就是把嘴角上扬吗？如果自己做不到，可以学习奥运会的礼仪小姐一样，咬着筷子练习呀！事实上这并不是一个简单的表情，微笑是人内心的热情和愉悦的一种表达方式。所以真诚的微笑会给人以很强的感染力，而不只是程式化地挂在嘴角，那样就像塑料花一样，显得太假，没有生命气息。

在城市的繁华地带有一家颇具规模的花店，店主高薪聘请了一位店员。在招聘广告上，老板并没有写什么具体的要求，前来应聘的人很多。老板挑来选去，选中了三位，分别试用一星期，然后根据表现决定录用其中的一位。

这三个女孩长得都很漂亮，但是条件各不相同，第一个女孩儿曾经在别家花店卖过三年的花，很有经验，她觉得非自己莫属了。第二个女孩儿是一个刚毕业的学生，因为她是花艺学校毕业的，卖花对她来说，可谓是专业对口了，所以她也觉得这个工作犹如囊中之物了。第三位是一个孩子的妈妈，原来她经常在家带孩子，孩子上幼儿园之后，她开始出来工作。她没什么经验，也没有什么理论知识，但是她没有放弃这个机会。

一个星期的试用开始了，第一个女孩子因为有经验，见到顾客就不停地介绍各类花的花语以及给什么样的人送什么样的花，几乎每一位顾客进花店，她都能说得让人买去一束花或一篮花，一个星期下来，她的成绩非常不错。

第二个女孩子试用时，她充分发挥自己所学的专业知识，从插花的艺术到插花的成本，都精心琢磨。她的专业知识和她的聪明也使得她成绩斐然。

第三个妈妈级的女人在试用期时，则有点放不开手脚，甚至刚开始还有点手足无措。但是她的脸上经常挂着微笑，从内心到外表都表现出一种对生活、对工作的热忱。一些残花她总舍不得扔掉，而是修剪修剪，免费送给路过花店的小学生，而且每一个买花的顾客，都能得到她一句微笑甜甜的祝福——“鲜花送人，手有余香”。顾客听了之后，往往都会开心地回应她一笑，然后快乐地离开。

一星期的试用期结束之后，第三个人的销售业绩远远比不上前两个，但是老板却录用了她。

老板自有他的道理，他认为微笑是一种特殊的语言——“情绪语言”，它可以和有声语言及行动相配合，起到“互补”作用，给人以美好的享受。老板认为用鲜花挣再多的钱也是有限的，用如花的心情、如花的微笑去挣钱才是无限的。花艺可以慢慢学，经验可以积累，但如花的心情不是学来的，因为这里面包含着一个人的气质、品德和自信……

果然，这个女员工在两三个月之后，因为积累的人脉越来越广，回头客越来越多，生意也就越来越好了。

微笑是一种快乐和愉悦情绪的外在表达，是从人的心底生发出来的，可以直接打动他人的心，所以能最快地赢得别人的好感，建立起自己的人脉。

微笑是内在心情的一种体现，绝不能因为见到自己的客户就微笑，不是自己的客户就冷眼相对，这种功利性的微笑，会影响自己的人脉积累的。无论是不是自己的客户、无论对方身份高低，都报以真诚的微笑，这样不但能拉近人与人之间的距离，对人产生一种亲和力，还会使人在不经意之间就结成了一张关系网。

二、人生这么美好，何不微笑面对？

在人生的道路上遇到挫折、困难甚至绝境都是避免不了的，遇到这些情况；最重要的是要坦然面对，自信自强，让灵魂始终微笑，高举那面叫做自信的胜利之旗。因为穿透灵魂的微笑，常常蕴含着震撼世界的力量，可以让陌生人成为朋友，甚至可以化敌为友。微笑，让你的朋友越来越多，人脉越来越广。

非洲的一座火山爆发后，随之而来的泥石流狂泻而下，迅速流向坐落在山脚下不远处的一个小村庄，农舍、良田、树木，一切的一切都没有躲过被毁的劫难。滚滚而来的泥石流惊醒了睡梦中的一位14岁的小女孩。

流进屋内的泥石流已上升到她的颈部。小女孩只露出双臂、颈和头部。及时赶来的营救人员围着她一筹莫展。因为对于遍体鳞伤的她来讲，每一次拉扯无疑是一种更大的肉体伤害。此刻房屋早已倒塌，她的双亲也被泥石流夺去生命，她是村里为数不多的幸存者之一。

当记者把摄像机对准她时，她始终没叫一个“疼”字，而是咬着牙微笑着，不停地向营救人员挥手致谢，两手臂做出表示胜利的“V”字形。她坚信政府派来的救援部队一定能救她。可是营救人员最终也没能从固若金汤的泥石流中救出她。而她始终微笑着挥着手，直到一点一点地被泥石流所淹没。

在生命的最后一刻，她脸上没有一点痛苦失望的表情，反而洋溢着微笑，而且手臂一直保持着“V”字形状。那一刻仿佛延伸一个世纪，在场的人含泪目睹了这庄严而又悲惨的一幕，心里都充满了悲伤。

没有什么东西能比一个阳光灿烂的微笑更能打动人的了。

微笑有着神奇的魔力，她能够化解人与人之间的坚冰；微笑也是你身心健康和家庭幸福的标志。

无论你在什么地方，无论你在做什么，微笑都是一种通用的语言，它能够消除人与人之间的隔阂。人与人之间的最短距离是一个可以分享的微笑，即使是你独自一人微笑，也可以使你和自己的心灵进行交流和抚慰。

一旦你学会了阳光灿烂的微笑，你就会发现，你的生活从此就会变得更加轻松。

百货店里，有个穷苦的妇人，带着一个约四岁的男孩在转圈子。走到一架快照摄影机旁，孩子拉着妈妈的手说："妈妈，让我照一张相吧。"

妈妈弯下腰，把孩子额前的头发拢在一旁，很慈祥地说："不要照了，你的衣服太旧了。"

孩子沉默了片刻，抬起头来说："可是，妈妈，我仍会面带微笑的。"

如果你在生活的摄像机前也像那个贫穷的小男孩一样，穿着破烂的衣服，一无所有，你能坦然而从容地微笑吗？

面对亲人，你的一个微笑，能够使他们体会到，在这个世界上，还有另外一个人和他们心心相连；面对朋友，你的微笑，能够使他们体会出世界上除了亲情，还有同样温暖的友情。

走遍世界，微笑是通用的护照。

不仅如此，笑，还是一种神奇的药方，它能医治许多疾病，并具有强身健体的医疗功能。医学家告诉我们，精神病患者很少笑，一个人有疾病或者有其他烦恼，那他也不会从心底发出笑声。

美国加利弗尼亚大学的诺曼·卡滋斯曾患胶原病，这是一种疑难杂症，康复的可能性仅为五百分之一，而他就成为这个"一"。后来，他把当时的情况写在了《五百分之一的奇迹》这本书里。

"如果，消极情绪引起肉体消极的化学反应的话，那么，可以推测，积极向上的情绪可以引起积极的化学反应。爱、希望、信仰、笑、信赖、对生的渴望等等，也具有医疗价值。"

卡滋斯认为，笑具有惊人的医疗效果："我的体会是，如果能够从心底里发出笑声，并持续10分钟，会产生诸如镇痛剂一样的作用，至少可以解除疼痛两个小时，安安稳稳地睡觉。"

你的笑容，甚至也能给你带来巨大的成功。

世界著名的希尔顿饭店的创办人康拉德·希尔顿于1919年把父亲留给他的12000美元连同自己挣来的几千美元投资出去，开始了他雄心勃勃的经营旅馆的生涯。当他的资产奇迹般地增值到几千万美元的时候，他欣喜而自豪地把这一成就告诉了母亲。出乎意料的是，他的母亲淡然地说："依我看，你和以前根本没有什么两样……事实上你必须把握比5100万美元更值钱的东西：除了对顾客诚实之外，还要想办法使来希尔顿旅馆的人住过了还想再来住，你要想出这样一种简单、容易、不花本钱而行之有效的办法去吸引顾客。这样你的旅馆才有前途。"

经过长时间的摸索，希尔顿找到了母亲说的"简单、容易、不花本钱而行之久远"四个条件都具备的东西，那就是：微笑服务。

这一经营策略使希尔顿大获成功，他每天对服务员说的第一句话就是"你对顾客微笑了没有？"即使是在最困难的经济萧条时期，他也经常提醒员工们记住："万万不可把我们心里的愁云摆在脸上，无论旅馆本身遭受的困难如何，希尔顿旅馆服务员脸上的微笑永远是属于旅客的阳光。"就这样，他们渡过了最艰难的经济萧条时期，迎来了希尔顿旅馆业的黄金时代。

经营旅馆业如此，其他行业又何尝不是如此呢？生活中遇到的一切烦恼，又何尝不能用微笑来化解呢？

所以，不论你现在从事什么工作，在什么地方，也不论你目前遇到了多么严重的困境，甚至你的人生遭遇了前所未有的打击，用你的微笑去面对它们，面对一切，那么一切都会在你的微笑面前低头。

微笑，永远是我们生活中的阳光雨露。你要相信自己的微笑是世界上最美丽的微笑，让那些能够带来轻松愉快的事情围绕着你。人脉最为重要的一点，要学会自己微笑。记住一点，微笑不是仅仅为了别人，更是为了自己。向你身边的每一个人都露出一个愉快的微笑吧，那样你会赢得一个和谐的世界，因为微笑是两个人之间最短的距离。

刘玉琳每天来到公司，不但对领导会面带微笑，对自己的下属都会微笑着打招呼，哪怕是遇到保安及保洁工人，她也会微笑着。

本来，刘玉琳公司有一个男同事，与她一起竞争办公室主任的位置，可是这个男人只对领导微笑，对下属和其他同事都面无表情。后来，刘玉琳成功地当上了主任，因为领导认为她每次在分配任务时，不论是同事还是下属都极力配合，而那个男竞争者一分配工作，有的人就消极怠工。理所当然，刘玉琳成功了。

刘玉琳当上主任之后说："你希望战胜你的对手，那你就必须微笑，因为微笑能让你收获人脉，获得更多人的支持。当然，你不能有选择地微笑，这样你也会败得很惨。"

微笑是一种快乐的表情，把你这种快乐送给每一个人，就能为自己结一张宽大而结实的人脉网。

法国作家阿诺·葛拉索讲过："笑是没有副作用的镇静剂。"

的确，没有人能轻易拒绝一个笑脸。一个人每天几乎都会笑上几次，真正要一个人整天不苟言笑那才是件令人受罪的事。

服务行业的"微笑服务"，能使顾客盈门，生意兴隆，招财进宝。

谚语说："一家无笑脸，不要开店。"希尔顿曾经说过："如果我的旅馆只有一流的服务，而没有一流微笑的话，那就像一家永不见温暖阳光的旅馆，又有何情趣可言呢？"

所以美国许多企业或公司的经理宁愿雇佣一位中学未毕业却有着迷人笑容的女雇员，而不愿聘请一个满脸"尊严"的哲学博士。

卡耐基在他的《人性的弱点》中介绍了一个因微笑而获得成功的例子。

纽约的百老汇大街证券交易所有名的经纪人斯坦哈特，过去是个严肃刻薄、脾气暴戾的人，以至他的雇员、顾客甚至太太见他都唯恐避之不及。后来，他请教了一位心理学家，学会了微笑，一改旧习，无论在电梯里还是在走廊上，不论是在大门口还是在商场，逢人三分笑，像普通的职员一样真诚地与人握手。结果，不仅夫妻和睦相处，相亲相爱，而且顾客盈门，生意兴隆。从这个意义上说，微笑是一笔财富。

斯坦哈特先生曾深有感触地说："我结婚18年了，我很少向我太太微笑，甚至于绝少讲过几句话。"后来，他决定改变这种态度，他照着镜子对自己说："你今天要把脸上的愁容一扫而光。""你要有笑容，要微笑起来，现在就开始。"当他坐下来吃早点时，他对太太笑着打招呼："亲爱的，早安!"他的太太被他的突如其来的微笑搞糊涂了，惊诧万分。他对太太笑着说："从此以后，你会习惯我的这种态度的。"

他一直如此做下去，两个月过后，微笑发挥了作用，严肃冷淡的家庭气氛变得轻松活泼了，全家都感到比任何时候都和谐、幸福。

所以，一家人之间的"微笑相处"，也会使感情更融洽，更相亲相爱。

微笑是人脉交往中最简单、最积极、最乐意被人接受的一种方法。微笑代表着友善、亲切和关怀，是热情友好的表示。它明白告诉对方："我对你怀着善意"、"我喜欢你"、"见到你我很高兴"、"你使我快乐"，等等，给人以善良、热情、谦和、亲切、愉快和温暖的感觉。

微笑折射出一个人的健康心理。微笑是社交最一般的礼貌和最基本的修养，是人们文明礼貌和良好修养的具体象征。它展示了一个人内心世界的和美，也表示了对他人友善的情感，给人的感受永远是暖融融的和煦春风。"笑一笑，十年少”、“笑口常开，青春永驻”，说的就是这个道理。

微笑能给人以美的享受，振奋精神，改变情绪。美国心理学家保罗·艾克曼研究证明：当人们露出悲哀、惊讶、厌恶、愤怒的表情时，他们的躯体似乎也作出相应的姿态，同时伴有心率变慢和体温下降等心理现象；而当人们露出微笑表情时，他们的心率加快，体温上升，情绪改变。

所以，微笑是和解意愿的表达，是合作心理的反应，是快乐、轻松和自信的标志，对方会被你诚恳大方、积极主动的微笑面容所感染，从而改变固执的态度和不良的情绪，产生舒服的感觉。

由此看来，世界上没有比笑口常开就能达到目的更便宜的事了。

在社交的花圃里，不能缺少笑声，不能没有笑声。你应该有一双聪慧的善于发现的眼睛，时时看到生活中美好的一切。应该有一双灵敏善于感受欢乐的耳朵，谛听生活中让你感到喜悦的快乐声音。永远不要让你脸上的笑容消失，那是你打通人脉圈的最佳“武器”。

三、对别人抱以微笑，缩短心与心的距离

微笑是一种令人愉快的表情，它在人际交往中有很重要的作用。微笑可以在瞬间缩短人与人之间的心理距离。生活中，没有什么东西能比一个灿烂的微笑更能提升你的个人魅力，更能打动人心的了。

刘颖雯到一家刚刚成立的公司参加应聘，刚一走进去，他就看到公司内部设施简陋，于是脸上便愁容满面，提不起精神。老板一看刘颖雯这幅表情，便失去了继续交谈的兴趣。

而另一位应聘者李巨豪从进来到离开办公室，一直面带微笑。他对老板说：“我如果能够来到这里工作，心里非常高兴，我一定会努力工作。”老板对他产生了好感，很快面试就通过了。

后来李巨豪成为了这家公司业绩最卓著的推销员，他推销的成功率高得让人不敢想象。他的秘诀其实很简单：在他每次敲开陌生人的门之前都会做好一个微笑的表情，当他觉得自己的笑容足够真诚时，才带着这样的微笑去敲门，客户就是因他这种真诚的笑容而情不自禁地被他感染了。

拿破仑·希尔这样总结微笑的力量："真诚的微笑，其效用如同神奇的按钮，能立即接通他人友善的感情，因为它在告诉对方：我喜欢你，我愿意做你的朋友。同时也在说：我认为你也会喜欢我的。"

即使你不善于微笑，也要强迫自己微笑。美国伟大的推销员富兰克林·贝特格就是因为善于微笑而获益良多。经验告诉他，一个面带微笑的人将永远受欢迎。因此，每次和别人见面之前，他总会先想想必须感激这人，然后带着微笑去和他交谈。

正如拿破仑·希尔对微笑的总结那样，微笑不仅表达了你对别人的善意和信任，它还向别人暗示你值得我对你微笑。波纳罗·奥弗斯特说："我们从众人之中选中了他，并对他微笑，说明我们已经承认了他，并给予了他一个特殊的地位。"

佟勋启是一位营运总监。因工作压力性格日益孤僻，自从工作以后，多年来他很少微笑，在面对陌生人的时候更是一副严肃面孔，不苟言笑。这让他失去了很多生意上的机会，也失去了结识更多朋友的机会，他甚至被别人戏称为"百老汇最闷闷不乐的人"。他也因此苦恼不已。

当他听到微笑的作用后，就决定试一个星期看看。第二天早上梳头的时候，他就对着镜中愁容满面的自己说，你要微笑起来。当他带着微笑去和一个最近令他颇为头疼的客户谈生意时，他意外地感觉到了对方的感动，而这次谈判异常顺利。后来那客户成了他的朋友。有一次，佟勋启问起了这件事，那人说，自从和他接触以来，没有看到过他一次笑容，这让客户有了抵触情绪，而那次他竟然带着微笑和自己交谈，使自己激动不已。他说佟勋启在微笑的时候，充满了慈祥。

这让佟勋启对微笑的力量惊奇不已，从此以后，他在和别人，尤其是和陌生人打交道的时候，都面带微笑，他因此获益不少，有了更多的朋友。他的人生观也跟着积极起来。他开始不再一味地批评他人，而是开始赏识和赞美他人。他已经开始尝试着站在别人的角度来看事物，而不只强调自己的需要。

在与人交往时，请时刻保持微笑，如同站在舞台上一样。微笑不仅能给对方留下美好难忘的印象，而且还能让自己在生活中处处获益，给别人一个浅浅的微笑，你的人脉王国就会有意想不到的收获，这实在是一桩“一本万利的好生意”。

当你要去上班的时候，请对大楼的电梯管理员微笑，请对大楼门口的警卫微笑，请对公交车的售票小姐微笑……请对你见到的所有人微笑，你很快就会发现，每一个人也对你报以微笑，你的人脉自然也就这样简简单单地打通了。

第二节 没话也要找话说

言语木讷，对于一个希望通过交往建立人脉的人来说是致命的缺陷。在交流的过程中，如果你不主动去跟别人攀谈，而是一直等着别人跟你开口说话，你就会给人留下一种傲慢、冷漠的印象。

要知道，在公众场合，你并不是别人不可或缺的谈话对象，既然你态度生冷，那么人家完全可以找他人进行交流。大家对你的这种认识一旦形成，改变起来就比较困难了。所以，要积极主动地和对方打开话题，用你的话题把匆匆走过的朋友留在你身边，让自己成为一个受欢迎的人。

一、瞬间打动别人的开场白

俗话说万事开头难，无论是写文章还是跟别人交谈，很多人都会遇到“开头难”的问题。写文章开头难还好解决，大不了先放下，等想成熟了再写，但是跟人谈话就不一样了，等你想成熟了，人家可能早就离开你和别人谈话去了。

那么，怎么打开话题呢？投其所好，从别人和自己共同的兴趣点开始。跟一个陌生的人在一起谈话，我们可以从对方的话语中找到他感兴趣的话题，比如影视作品、名人逸事、股市行情、健身美容，等等。在对方这些感兴趣的话题中，选择一个自己也比较喜欢的话题，跟对方开始交流，就很容易谈到一起了。

在这里需要注意的一个问题是，无论你们之间谈论的是什么话题，你最好要站在和对方一样的立场上，别忘了你是来交朋友的，不是来砸场子的。此外，你要有足够的知识积淀，如果对方说的你懂，可以跟着对方的话题一路谈下去；如果不懂，可以采取仔细倾听、适时发问的方式来满足对方的倾诉欲，或者巧妙地转移到下一个你们共同感兴趣的话题中去。

另外，投其所好最忌讳的是不懂装懂，虽然自己觉得跟对方谈的是同一个话题，但实际上却是风马牛不相及，落得个贻笑大方，培养人脉就更不可能了。

在初次见面的时候，应该先主动自我介绍，给别人靠近你的机会。在公众场合，用别出心裁的开场白介绍自己，是给他人留下良好印象的一条捷径。

很多名人都非常善于做自我介绍，他们或沉稳，或风趣，言谈举止间都能让人觉得他平易近人，值得信赖，从而为结交新朋友打下了基础。

1990年中央电视台邀请台湾影视艺术家凌峰先生参加春节联欢晚会。当时，许多观众对他还很陌生，可是他说完那妙不可言的开场白后，一下子被观众认同并受到了热烈欢迎。

他说：“在下凌峰，我和文章不同，虽然我们都获得过‘金钟奖’和最佳男歌星称号，但我以长得难看而出名……一般来说，女观众对我的印象不太好，她们认为我是‘人比黄花瘦，脸比煤炭黑’。”这一番话嬉而不谑，妙趣横生，观众捧腹大笑。通过这段开场白，凌峰给人们留下了非常坦诚、风趣幽默的良好印象。

不久，在“金话筒之夜”文艺晚会上，只见他满脸含笑，对观众说：“很高兴又见到了你们，很不幸你们又见到了我。”对此，观众报以热烈的掌声。

从此，凌峰的名字就传遍了祖国大地，凌峰也因此结交了很多演艺界圈里圈外的朋友。

和陌生人交谈，要争取在最短的时间内拉近距离，力求使双方的关系融洽起来，让双方很快成为志同道合的好朋友。运用媒介是一个不错的选择，比如大家都和东道主有关系，那就从东道主谈起，既然都是朋友的朋友，那么大家也是朋友了，这样一来，关系立刻就感觉近了。大胆开口说话吧，话题并不是墙缝里的小草，而是平原上的大树，只要你努力锻炼自己，就会很快找到打开话题的窍门，再也不会“开头难”了。

二、说到别人心坎里

卡耐基说过，“‘沉默是金’的谚语，应随时代的变迁而重新评估。如何发挥语言的魅力，是现代人由沟通走向成功的必然。”这充分体现了说话对于建立人脉的重要性。

做个会说话的人？谁不会说话啊！除了哑巴，大家都会说话，还有比说话更简单的事吗？

其实，我们这里的说话，不仅仅是指把声音通过声带震动和口腔或者鼻腔共鸣发出来，让大家听到，这其实还有更深的一层含义，就是你说的话能够让人听懂、引起听者的共鸣，能够说到对方的心里去。

同样的一个话题，从不同的人嘴里说出来，效果是不一样的。

明代开国皇帝朱元璋，出身贫寒，少年时候就放牛，给有钱人家打工，甚至一度因为食不果腹而出家为僧。但朱元璋却胸有大志，经过一番打拼，终于成就一代霸业。

朱元璋当了皇帝以后，有一天，他儿时的一位穷伙伴来京求见。朱元璋很想见见旧日的老朋友，可又怕他讲出什么不中听的话来。犹豫再三，总不能让人说自己富贵了不念旧情吧，还是让传了进来。

那人一进大殿，即大礼下拜，高呼万岁，说："吾皇万岁！当年微臣随驾扫荡芦洲府，打破罐州城。汤元帅在逃拿住豆将军，红孩子当兵，多亏菜将军。"

朱元璋听他说得动听含蓄，心里很高兴，回想起当年大家饥寒交迫时有福同享、有难同当的情形，心情很激动，立即重重封赏了这个老朋友。

消息传出，另一个当年一块儿放牛的伙伴也找上门来了，见到朱元璋，他高兴极了，生怕皇帝忘了自己，指手画脚地在金殿上说道："吾主万岁！你不记得吗？那时候咱俩都给人家放牛，有一次我们在芦苇荡里，把偷来的豆子放在瓦罐里煮着吃，还没等煮熟，大家就抢着吃，把罐子都打破了，撒下一地的豆子，汤都泼在泥地里，你只顾从地下抓豆子吃，却被红草根卡在喉咙里，还是我出的主意，叫你用一把青菜吞下，才把那红草带下肚子里。"

当着文武百官的面，"真命天子"朱元璋又气又恼，哭笑不得，只有喝令左右："哪里来的疯子，来人，把他轰出去。"

前后两个人，说的是同一件事，但结果却一个天上，一个地下，这就是会说话和不会说话的区别。

会说话的人在说话的时候特别注意对方的反应，尽量不说让对方"脸色一沉"、"眼睛一瞪"的话，当他发现自己不小心说出的话引起了对方的反感以后，他会不动声色地把话题转移到其他的方面去，并在合适的时机向对方表示自己的歉意。

会说话的人能够用更温馨的方式表达自己的意愿，尽量不用刻板生硬的话语传达自己的意思。在我们的生活中，很多时候我们要提反对意见、要拒绝他人、要提出他人的缺点和不足，这种时候，直截了当的话语往往会给人留下不愉快的感觉，我们不妨改变一下思路，用大家都能接受的方式告诉对方我们的心里话。

小约翰·卡尔文·柯立芝于1923年登上美国总统宝座。这位总统以少言寡语出名，常被人们称作“沉默的卡尔”，但他也有出人意料的时候。

柯立芝有一位漂亮的女秘书，人虽长得不错，但工作中却常粗心出错。一天早晨，柯立芝看见秘书走进办公室，便对她说：“今天你穿的这身衣服真漂亮，正适合你这样年轻漂亮的小姐。”

这几句话出自柯立芝口中，简直让秘书受宠若惊。柯立芝接着说：“但也不要骄傲，我相信你的公文处理也能和你一样漂亮。”果然从那天起，女秘书在公文上很少出错了。

一位朋友知道了这件事，就问柯立芝：“这个方法很妙，你是怎么想出来的？”柯立芝轻轻松松地说：“这很简单，你看见过理发师给人刮胡子吗？他要先给人涂肥皂水，为什么呀，就是为了刮起来使人不痛。”

会说话的人知道话题内容的取舍，能够用最经济的话语表达自己的想法，不会一言不发，也不会滔滔不绝。说话是嘴的重要功能之一，说得多还是说得少都在于个人的控制。一个一言不发的人是交不到朋友的，说得口吐白沫、唾沫横飞的人也很难交到真正的朋友。

交际场上，沉默已经不再是金，口若悬河也的确很“悬”。话不在多少，关键看其是不是明白地表达了自己的意思。所以还要知道取舍，不要把自己本来的意思湮没在一大堆无关紧要的内容里面。

另外，会说话的人非常重视说话时的礼仪和面目表情。一个受人欢迎的说话者，他的发音基本正确，语速适中，话题新鲜而切合实际，语言风趣幽默，举手投足间带着几分优雅和谦逊，他的表情会随着自己说话内容的变化而变化，也会随着对方情绪的变化而变化，也许我们不完全具备这些素质，但是我们可以有针对性地进行训练，让自己成为一个会说话的人。

最近，一篇名为《说话的温度》的短文在网络上流传甚广，虽然只是短短百十字，但是内涵却极为丰富，对我们的说话启示很大：

"急事，慢慢地说；大事，清楚地说；小事，幽默地说；没把握的事，谨慎地说；没发生的事，不要胡说；做不到的事，别乱说；伤害人的事，不能说；讨厌的事，对事不对人地说；开心的事，看场合说；伤心的事，不要见人就说；别人的事，小心地说；自己的事，听听自己的心怎么说；现在的事，做了再说；未来的事，未来再说；如果，对我有不满意的地方，请一定要对我说！"

台湾著名成功学家林道安说过："一个人不会说话，那是因为他不知道对方需要听什么样的话；假如你能像一个侦察兵一样看透对方的心理活动，你就知道说话的力量有多么巨大了！"的确，做个会说话的人，在人际交往中，你就拥有了巨大的力量。

三、没话找话也要找对话题才行

在和别人交谈时，话题的选择至关重要。一个合适的话题，能让对方兴趣大增，滔滔不绝；而一个不合时宜的话题，则会使人三缄其口，失去与你继续交往下去的欲望。

尤其是初次见面，合适的话题至关重要。但是，很多人都会发愁，刚刚见面，彼此也不了解，什么话题合适呢？其实，一个人的心理状态、精神追求、生活爱好等，都或多或少地要在他们的表情、服饰、谈吐、举止等方面有所表现，只要你善于观察，就能发现合适的话题。

退伍军人王福胜乘汽车去城里看儿子，谁知道汽车上路后不久就抛锚了，驾驶员车上车下忙了一通也没有修好。坐在王福胜旁边的陌生人建议驾驶员把油路再查一遍，驾驶员将信将疑地去查了一遍，果然找到了原因。王福胜觉得陌生人的绝活可能是从部队学来的，于是试探道："你在部队待过吧？"

"嗯，待了六七年。"

"噢，算来咱俩还应算是战友呢。你当兵时的部队在哪里？"于是，这一对陌生人就聊了起来，最后王福胜和这位陌生人还成了朋友。

这些都是王福胜观察对方以后，发现彼此都服过兵役，然后才找到了这个共同点的。当然，察言观色还要同自己的情趣爱好相结合。否则，即使发现了共同点，也还会无话可讲，或讲一两句就"卡壳"。

初次见面，合适的话题是一个良好交往的开端，有助于彼此了解，为以后的交往做好铺垫。实际上，选择合适的话题并不限于初次见面的陌生人之间，即便是已经熟悉的朋友，也不能忽略话题的选择，这是加深感情的手段。那么，如何选择一个合适的话题呢？

首先，要以别人为中心，以对方感兴趣的事情为话题。如果你选择的话题，对方不太了解，或者根本不感兴趣，那就会引起交流不畅。只有对方感兴趣或者熟悉的话题才可以引起对方的谈话欲望。

美国总统罗斯福博闻强记，和别人交谈的时候，总会找到让别人感兴趣的话题，从而使交谈氛围热烈。他怎么能做到这点呢？答案并不复杂。如果他要接待某个人，就会提前翻阅这个人的有关材料，研究对方最感兴趣的问题。可见，寻找一个让别人感兴趣的话题是多么的重要。

12岁的小男孩王建民有一次到姨妈家度周末。有位中年男人前来拜访，他跟姨妈聊过之后，就和王建民谈起来。王建民这个时候对篮球非常痴迷，而对方似乎对篮球也很感兴趣。他们俩的谈话一直就以篮球为中心，两人很快成了好朋友。

客人走后，王建民毫不吝啬地对姨妈表达了他对这位来客的喜欢，因为他对篮球也如此痴迷！但姨妈却告诉他说，那个男人其实对篮球一点也不感兴趣，他是一位律师。

王建民不解地问，那他为什么一直都在谈篮球呢？

姨妈告诉他，因为你对篮球感兴趣，所以他就谈一些让你高兴的事。

这件事让王建民受到了教育，直到成人后，他还时常想起那位律师富有魅力的淡话。

专家说，和人谈话就如同打乒乓球，而提出话题，就如发球，如果你发的球，对方很容易接，对方当然乐意。一个道理，如果你所提的话题是他非常擅长的，对方当然愿意和你交谈。

如果对方的文章写得很好，你就说："听说你的作品又发表了，能不能谈谈经验？"那你们的人际关系必然随着语言交往的顺利进行而迅速融洽。相反，如果你明知对方文章写得很烂，你却说："今天我们俩来交流交流写作的体会吧。"对方当然会无话可说，甚至会以为你故意让他难堪。如此你们怎么能够交谈下去呢？

如果交谈对象不止一个的话，那就找大家共同关心的事情为话题。如果一个男孩和一群女孩交谈，就不要找比如国际时事、体育新闻来谈，而应该找些女孩子喜欢的话题，比如时尚、娱乐等。用这些女孩共同关心的话题来吸引她们，控制交谈进程。

基本上那些善于维护人脉的人，都会围绕对方来找话题，这就充分体现了对方的重要性，对方也会感觉到你对他的尊重和体贴，这样两个人的关系就在第一次见面的时候渐渐接近了。

第三节　倾听有时比说话重要

苏格拉底说："上天赐给我们两只耳朵，但只有一张嘴，就是要我们多听少说。"

倾听，是大自然赋予我们的一份美好的礼物。倾听是一种与人为善、虚怀若谷的姿态，有了这种姿态，凡事你就会多为别人考虑一步，多了倾听，从而少了盲从。能够做到这一点，就意味着你的家庭中多了一分和睦，朋友间多了一分和气，同事间多了一分和善。

一、不要再喋喋不休了，听人家说两句

很多的时候，我们都在拼命地表达自己的意见和自认为独到的见解，在以自我为中心的孤僻区域喋喋不休，听不进任何人的任何话。

的确，如果一个人不管到了什么地方，在什么场合，都是滔滔不绝，急于发表自己的意见和见解，不肯给别人说话的机会，那么他一定不会招人喜欢，也将注定无法积累更多的人脉。

事实证明，这类不善于倾听的人，要比别人多一份隔阂，少一份沟通，多一份阻力，少一份帮助。而那些善于倾听的人，就会懂得如何让人与人之间的隔阂消除、如何更顺利地与人交往。

那些最有人缘，无论走到哪里都受人欢迎的人士，往往都是善于倾听的人，因为他们善于倾听，懂得在谈话中将主角让给他人，而那在谈话中过足了主角瘾的人也很乐意将他们推上成功的舞台。

林正雄被朋友们视为最受欢迎的人士之一，经常有人请他参加聚会、共进午餐，约他一起去打球、健身，而且他还担任了很多社团、俱乐部的会长。他为什么会有这么好的人缘呢？原来他深知倾听之道。

林正雄和朋友邵敬涛一块参加宴会，邵敬涛发现林正雄和一个漂亮女孩坐在一个角落里。出于好奇，他远远地注意了一段时间，邵敬涛发现那位年轻女士一直在说，而林正雄一句话也没说，只是有时笑一笑，点一点头，仅此而已。几小时后，他们起身，谢过男女主人就走了。

宴后，邵敬涛禁不住问林正雄："昨天晚上我看见你和最迷人的女孩在一起。她好像完全被你吸引住了。你怎么抓住她的注意力的？"

"很简单。"林正雄说，"我姐姐把叶莉文介绍给我，我只对她说：'你的皮肤晒得真漂亮，在冬季也这么漂亮，是怎么做到的？你去哪呢？阿卡普尔科还是夏威夷？'她说他去了夏威夷，夏威夷永远都风景如画。然后我就请她把一切都告诉我，她欣然答应了。然后我们就找了个安静的角落，接下去的两个小时她一直在谈夏威夷。今天早晨叶莉文打电话给我，说她很喜欢我陪她。她说她很想再见到我，因为我是最有意思的聊天对象。但说实话，我整个晚上没说几句话。"

只凭借将话语权交到别人手里，然后再认真倾听，林正雄便成为最受人们欢迎的成功人士，足见善于倾听在人际交往中的无可比拟的魅力。

假如你也想赢得人们喜欢，千万千万不要总是谈自已，而要时时地让对方谈他的兴趣、他的事业、他的高尔夫积分、他的成功、他的孩子、他的爱好和他的旅行等等。要知道"倾听是礼貌的最高形式"，当你以这种"最高形式的礼貌"待人时，那么无论走到哪里，你都会大受欢迎。

一个人，不一定要能说会道，只须倾听，消化在心，就具有了一个最有价值的人所应具有的基本素质。

每个人都有表现自己的欲望，把表现的机会让给别人，却能因此赢得一个朋友，你算算这单“买卖”划不划算？

所以，学会倾听吧，倾听将使你在朋友圈里如鱼得水、游刃有余。

二、善于倾听是打造丰富人脉的不二法门

当你在和一个人说话的时候，他是在洗耳恭听，还是常常打断你的谈话，或者不停地做其他的事情？如果是后者，你会喜欢他吗？很显然，不会。

人们往往对自己的事更感兴趣，对自己的问题更关注，更喜欢自我表现。一旦有人专心倾听我们谈论的话题时，我们就会感受到自己被重视。卡耐基曾说：“专心听别人讲话的态度，是我们所能给予别人的最大赞美。”

张家义在一家商店购买了一套西服，由于掉颜色，要求退货，而售货员坚持说是张家义自己的问题，所以两个人就争执起来。争吵声引来了商店经理，售货员想向经理解释，但被经理制止了。

经理走到张家义面前，向他表示了真诚的道歉，然后又请他在旁边的沙发上坐下来，把具体的情况说一下。经理诚恳地静静听完张家义的抱怨和发泄，等张家义说完，他才让售货员说话。

当彻底了解清楚争吵的来龙去脉后，经理真诚地对张家义说：“真是万分抱歉，我不知道这种西服会掉颜色。现在怎么处理，本店完全听从您的意见。”

张家义说：“那么，你知道有什么法子可以防止西服掉颜色吗？”

经理问：“能否请您试穿一周，然后再作决定？如果到时候您还不满意，那么我们无条件让您退货。好吗？”结果，张家义穿了一周后，西服果然没有再掉颜色。

这位经理就是有效地利用了倾听这一技巧，使得本来剑拔弩张的气氛缓和下来，并最终轻松地解决了问题。如此一来，原本怒气冲冲的张家义被经理的态度打动，不仅不再生气，反而还成了这家店的忠实顾客，而且他之后还有介绍很多

朋友一起过来买衣服。

在社交过程中，善于倾听无形中起到了鼓励对方的作用，仔细认真地倾听对方的谈话，是尊重对方的前提，能够耐心地听说话者诉说，就等于告诉对方“你说的东西很有价值”、“你是一个值得我结交的人”。无形中，说者的自尊得到了满足。于是，说者对听者就会产生一个感情上的飞跃，认为“听话”者能理解自己，并欣慰自己终于找到了一个可以倾诉的机会。如此，彼此心灵间的交流就使得双方的感情距离缩短了。

事实上，在潜意识里，每个人都认为自己的声音是最重要的、最动听的，并且每个人都有迫不及待表达自己的愿望。在这种情况下，友善的倾听者自然成为最受欢迎的人。

此外，滔滔不绝的人，会给人夸夸其谈，油嘴滑舌的感觉，甚至还会言多必失，祸从口出。而静心倾听就远没有这些弊病，倒有兼听则明的好处。善于倾听的人，给人的印象是谦虚好学，是专心稳重，诚实可靠。所以说，善于倾听的人才是真正会交际的人，也才能打造丰富的人脉。

当然，“倾听”是一个内涵丰富的词汇，绝对不是一个简单的听与不听的问题。倾听的一层涵义是聆听，不仅如此，还要有所反应，并非都用语言，还要借助表情，所有这些都会使对方谈兴大增。

如果你要见的人是一个非常重要的人物，而且又是第一次见面的话，倾听就更为重要。因为你在全神贯注倾听的同时，会全力调动自己的所有知识、经验储备及感情，使大脑处于高度紧张的状态。当他接受到聆听的信号以后，会立即运用自己已有的知识、经验，进行识别、归类、解码，并做出自己的态度反应，让自己掌握谈话的主动权。

这种积极的倾听，既有对语言信息的反馈，又有对非语言信息的反馈。当一个人听了一番思想活跃、观点新颖、信息量大的谈话后，听者的感觉常常比说者要疲劳得多，这是因为听者在听的过程中要不断地调整自己的分析系统，修正自己的理解，以便达到与说话人同步思维。这种倾听常常受益较大。更为重要的是，你的倾听给了对方一个满足自我的机会，让你们彼此拉近了距离，从陌生变得亲切。

在公共场合极力张扬自我，是成功者的必备素质，但请你记住：留一点空间，留一点时间，让对方来发挥，你就能抓住对方的心，收获更多的朋友。

三、听别人说话也是一种礼貌

专心地听别人讲话，是我们所能给予别人的最大的礼貌；许多人去找心理医生，但实际他们所需要的不过是一名听众而已。这世界上有两种力量非常伟大：一是倾听；二是微笑。倾听，你倾听得越久，对方就越愿意接近你。

郭有望曾经在卖车的时候遇到过一件事情。他用了半个多小时的时间说服了一位顾客在他这里买车，所有的事宜都已经商量好了，于是郭有望便带着这位顾客去办公室签合同。

当他们走向郭有望的办公室时，那人开始向郭有望提起他的儿子，因为他儿子就要考进一个有名的大学了。他十分自豪地说："你知道么，我儿子想要当医生。"

"那太棒了。"郭有望说。当他们继续往前走时，郭有望却看着其他的推销员。

"我的孩子可聪明了"，他继续说，"在他还是婴儿时我就发现他相当聪明。"

"成绩非常不错吧？"郭有望说，仍然望着别处。

"在他们班是最棒的。"那人又说。

"那他高中毕业后打算做什么？"郭有望问道。

"我告诉过你的，他要到医学院学医。"

"那太好了。"郭有望说。

突然地，那人看着他，意识到郭有望根本没有仔细听自己说话。他突然说了一句“我该走了”，就这样他走了。

下班后，郭有望回到家里想想今天一整天的工作，分析他所做成的交易和他失去的交易，郭有望开始考虑白天客户离去的原因。

第二天上午，郭有望给那人的办公室打个电话说：“我是郭有望，我希望您能来一趟，我想我有一辆好车可以卖给您。”

“哦，世界上最伟大的推销员先生”，他说，“我想让你知道的是我已经从别人那里买了车。”

“是吗？”郭有望说。

“是的，我从那个欣赏、赞赏我的人那里买的。当我提起我对我的儿子有多骄傲时，他是那么认真地听。”

随后他沉默了一会儿，那人又说：“我知道你并没有听我说话，对你来说我儿子成不成为医生并不重要。好，现在让我告诉你，当别人跟你讲自己的事情时，基于最基本的礼貌，你也应该全神贯注地听。”

顿时，郭有望明白了他当时所做的事情。郭有望此时才意识到自己犯了个多么大的错误。

“先生，如果那就是您没从我这儿买车的原因”，郭有望说，“那确实是个不错的理由。如果换我，我也不会从那些不认真听我说话的人那儿买东西。那么，十分对不起。然而，现在我希望您能知道我是怎样想的。”

“你怎么想？”他说道。

“我认为您很伟大。您培养了一个优秀的儿子。我敢打赌您儿子一定会成为世上最出色的医生。我很抱歉昨天让您觉得我没有礼貌，但是您能给我一个补救的机会吗？”

“什么机会？”

“有一天，如果您能再来，我一定会向您证明我是一个忠实的听众，我会很乐意那么做。当然，经过昨天的事，您不再来也是无可厚非的。”

3年后，他又来了，郭有望卖给他一辆车。他不仅买了一辆车，而且也介绍了许多的同事来买车。后来，郭有望还卖了辆车给他的儿子，那时他儿子已经是一名医生了。

这就是倾听的力量，它是给我们带来人脉的通道，也是带来财脉的最好方法，只要会倾听，只要懂得倾听就够了。

因此，如果你想拥有更多的人脉资源，就做一个注意听话的人。要令人觉得有趣，就要对别人感兴趣——问别人喜欢回答的问题，鼓励他谈谈自己的成就。

请记住，跟你谈话的人对他自己、他的需求、他的问题，比他对你和你的问题，更感兴趣千百倍。当你下次开始跟别人交谈的时候，千万别忘了这点。

因此，如果你要拥有一个丰富的人脉圈，请记住，要做一个好的听众！

第四节　记住每个人的名字

卡耐基曾经说过：“不论在任何语言之中，一个人的名字是最甜蜜、最重要的声音。”

名字虽然是几个简单的字词，但它却是通向对方心灵深处的捷径之一，在一个陌生的场合，你轻松而亲切地叫出了对方的名字，对方一定会感到惊讶和感动——在对方的眼里，你只是面熟而已，也许他已经记不起你们在什么地方见过面了，但是你居然叫出了他的名字，这无疑告诉了对方：你的名字对我很重要。这样一来，你和对方的距离很快就拉近了。

一、每个人的名字都很重要

名字人人都有，连《鲁宾逊漂流记》里那个野人还有个名字叫“星期五”呢！可是，你知道一个人最多可以记下多少名字吗？

吉姆法里从来没进过一所中学，但是在他46岁之前，已经有四所学院授予他荣誉学位，并且成了民主党全国委员会的主席、美国邮政总局局长。他成功的秘诀在哪里呢？原来，他有一种记住别人名字的惊人本领。

有人向他请教：“据说你可以记住1万个人的名字？”

“不，你弄错了”，他说。“我能叫出5万个人的名字。我在为一家石膏公司推销产品的时候，学会了一套记住别人名字的方法。”

他说这是一个极其简单的方法。他每当新认识一个人，就问清楚他的全名、家里的人口，以及干什么行业，住在哪里。他把这些牢牢地记在脑海里。即使一年以后，他还是能够拍拍别人的肩膀，询问他太太和孩子的情况。难怪有这么多拥护他的人。

在罗斯福竞选总统的时候，吉姆法里每天都要写好几百封信，给遍布西部和西北部各州的熟人。然后他跳上火车，19天内行程12000里。他每到一个市镇，就跟他所认识的人一起吃饭喝茶，向他们吐露一番“肺腑之言”。然后又继续他的下一站。结果是：他使得罗斯福获得了众多的选民，成功当选总统，入主白宫。

吉姆法里说：“记住人家的名字，而且很轻易地叫出来。等于给别人一个巧妙而有效的赞美。因为我很早就发现，人们对自己的姓名看得很重要。”

5万个！对于我们一般人来说，这简直是个天文数字！也许有人要说了，人家是美国邮政局的局长，又是罗斯福总统的拉票手，记住别人的名字对他非常重要。对一个普通人来说，有必要把记住别人的名字看得那么重要吗？

当然有必要！原因就在于名字对于个人来说具有非常重要的意义，它蕴涵着家人或者前辈的美好期望，有些名字还有纪念意义。中国人历来就非常重视名字，为了能够给自己的孩子取一个好听且有意义的名字，不少家长请教名人、翻烂字典，甚至找算命先生求签问卦，甚至有“赐子千金，不如教子一艺；教子一艺，不如赐子好名”这样极端的说法。

所以，在中国人的心目中，名字并非只是一个没有实际意义的符号，而在国外也是如此。

正因为名字对一个人这样重要，所以，在我们交际的过程中，记住别人的名字就变得更加重要。

我们在社会上奔忙、为事业奋斗的时候，就必须要掌握这一项技能，因为无论在工作还是在生活中我们都免不了要跟很多人打交道，记住他人的名字是极其重要的。在社交礼仪中忘记或记错别人的名字都是极其失礼的行为。

这个道理很简单，比如到了一个新单位，遇到一个新同事，你做了一番自我介绍之后，一会儿别人又过来问你：你叫什么名字？你心里一定特别气恼，但是碍于情面又不便发作。“待人如我”，反过来考虑，你如果老问别人叫什么名字，对方也一定心里愠怒。

所以，记住别人的名字这是不可不掌握的一项技能。

记住别人的名字，可以使你在人脉上畅通无阻。你知道对方的名字，说明你们以前有过交往；你能喊出对方的名字，说明了他在你心目中的分量。谁都愿意让别人重视自己，记住自己，你喊出对方的名字，恰恰满足了对方的这一心愿。

投桃报李，对方也会重视你的名字的，并且会心怀愧疚地想：“上次是人家主动叫出了我的名字，我却忘了人家叫什么，这次一定要记清楚，下次见面不要太尴尬了！”对方就会把你的名字刻在心里了。

记住别人的名字，可以使你获得更多的尊重。能够记住对方的名字，你就可以避免在遇到对方时直呼“喂”、“哎”、“我说那个谁”这些不礼貌的词语，要知道，这样称呼别人是很伤人心的，你伤了对方的心，对方怎么会尊重你？

商界的圈子很大，交际的人更多一些，如果你只在谈判的时候记住了对方的名字，过后就忘个一干二净，再次相遇的时候居然叫不出对方的名字，对方肯定会觉得你在谈判时所体现出来的热情是虚伪的。你所做的一切只是为了钱，你是在把对方的名字作为谈判的筹码，谈判结束了，筹码自然也就没用了，所以你才会忘掉对方的名字。对方有了这样的想法，谈判还有可能成功吗？

拿破仑的侄子——拿破仑三世曾经得意地说，即使日理万机，仍然能够记得每一个他所认识的人。他的方法非常简单。如果他没有清楚地听到对方的名字，就会说：“很抱歉，我没有听清楚。”如果对方的名字很不寻常，他就说：“您能告诉我您的名字是什么写法吗？”

在和对方的谈话中，他会把那个人的名字重复说几次，试着在心中把它跟那个人的特征、表情和容貌联想在一起。如果对方是个重要人物，拿破仑三世就要更进一步加强记忆。一等到他旁边没有人，他就把那个人的名字写在一张纸上，仔细看看，深深地记在他心里，然后把那张纸撕掉。这样做，他记住的就不仅是名字的那几个字母，而是活生生的一个人。

尽管有很多交际的理由让我们记住别人的名字，但即便是没有交际上的理由，我们也要记住别人的名字，因为这是一种善待他人的态度，也是一种感化他人的品德。只有具有了这样的态度和品德，才能够在构建人脉圈的时候如鱼得水。

二、不要只关心自己，记住别人的名字可不是小题大做

人通常只对自己感兴趣，即只关心自己，这是人的本性，所以要踏出关心别人的第一步，应该从记住别人的名字着手，因为一个人的名字是他最基本的标志。

那么，怎样才能记住别人的名字呢？关键就在于你首先要对别人感兴趣，并且有意识地将别人的名字带到说话内容里。如果你记住了对方的名字，下一次相遇，你一口叫出了他的名字，他一定会十分欣喜，面色如花。这样你就跨出了成功的第一步。

卡内基说能记住别人的名字而且从不出错，这是一项很了不起的本事，因为你能记得对方的名字，并且如此响亮地喊出来，无异于给了对方一个很巧妙的赞美，如果你将他的名字记错了，你叫别人的名字时张冠李戴了，你想那会多尴尬呀。

卡内基就是一个能对别人的名字“过目不忘”的好手，他虽然被人称为钢铁大王，但他自己对钢铁的制造却知之甚少。他手下至少有好几百人，都比他更了解钢铁。知道怎样为人处世，才是他发大财的原因。

在卡内基很小的时候，就表现出极强的组织才华和领导天才。十岁的时候，他就发现人们对自己的姓名看得很重要。他利用这项发现，去赢得别人的合作。有一次他抓到一只兔子，那是一只母兔。他很快发现了一整窝的小兔子，但没有东西喂它们。可是他有一个很妙的想法，他对附近那些孩子们说，如果他们找到足够的苜蓿和蒲公英，喂饱那些兔子，他就以他们的名字来替那些兔子命名。

这个方法太灵验了，孩子们很快就带来了各种食物，卡耐基一直忘不了。

数年后，他又故伎重演，他希望把钢铁工厂卖给宾夕法尼亚铁路公司，当时该公司的董事长是艾格·汤姆森。因此，卡耐基在匹兹堡建立了一座巨大的钢铁工厂，取名为“艾格·汤姆森钢铁工厂”，顺理成章地，艾格·汤姆森买下了这座“艾格·汤姆森钢铁工厂”。

看，仅仅记住别人的名字，卡内基就办成了无数件大事，这足以说明一个人的名字在社会交际中的重要性。

可是，平时我们又是怎么做的呢？因为轻视所以忽视，不肯、不愿、不想去为一个名字浪费时间和精力，如此这般，虽然貌似节省了时间和精力，但是到关键时刻却恨不得爹妈多生两个脑袋以想起那两三个关键的字。可事与愿违，敲破了脑袋，也蹦不出半个字来。这样一来，别人对你的印象自然一落千丈，人脉网自然也就无法建立起来了。

要知道，记住他人的名字，是一件再简单不过的事情，但是，也是最简单的赢得他人好感的方法。记住别人的名字，别人就会感到自己的重要性，从而你在他的心里也留下了深刻的印象。事情就是这么简单，因为简单所以更容易被人们忽略。如果你有志做事业，那么请将这点记住：生意场上无小事，记住别人的名字，才能够打通人脉网，别人才会记住你和你的事业。

记住一个人的名字，这是一件简单得无法再简单的事情，但就是这样简单的事情却常常能制造出奇迹。名字能使人出众，它能使一个人在许多人中显得独立。生意场上，只要从他人的名字上着手，有些事就可以事半功倍。因此，要想赢得别人的欢迎、收获更多的人脉资源，请记住这条规则："喊出一个人的名字，对他来说，这是任何语言中最甜蜜、最重要的声音。"

三、记住别人的名字，简单一小步，成功一大步

记住别人的名字，是对别人的一种尊重和重视，也是文明的体现。所以，在和别人交谈的时候，如果能够在恰当的时机称呼一下别人的名字，那无疑就会迅速拉近彼此之间的距离，尤其是在和并不是很熟悉的人打交道时。

推销员曾佩妮曾经遇到一个姓氏很少见的顾客，他叫牟占军，别人因为不知道他的姓应该怎么念，通常都按照"释迦牟尼"的"mou"这个音来叫他。而曾佩妮在拜访他之前，也搞不清楚这个字放在姓氏里面应该念什么，于是特别用心地在网上查了一下"牟"这个字用作姓氏应该怎么念。

当曾佩妮见了牟占军以后，面带微笑地说："早安，牟先生。"

听到曾佩妮用"mu"的音来称呼他，牟占军一时之间愣在了那里。大约有几秒钟的时间，他都没有答话。

最后，他喜笑颜开地说："姑娘，我在北京生活了35年，从来没有一个人在初次见面时用正确的发音来叫我的名字。"

当然，从此以后，牟占军成了曾佩妮的顾客。

每个人对自己的名字都非常重视：科学家爱用自己的名字为自己的发明取名，名人爱用自己的名字为商品命名……在与不太熟悉的人交往时，如果能够记住对方的名字并轻松地叫出来，就等于巧妙而有效地给予了对方恭维。如果忘记或者叫错了人家的名字，你便把自己放到了十分不利的位置。

事实证明，能够记牢对方的姓名，不仅是处世的基本礼仪，也是使对方产生良好印象的最好方法。这种本领，在交际场中大有用处。在和别人交谈的时候，别人对你十分熟悉，热情如火，而你偏叫不出对方的姓名。碰到这样的情况，不仅会让你十分尴尬，更会让别人感到失望。虽然你可以用含糊的方法敷衍过去，但心里终究觉得不安。

有时因为地位的关系，你应该先招呼他，这个时候，你如记不起他的姓名，不去招呼他，他会误认为你自大傲慢、目中无人，这就不妙了。所以，你要想在交际场中赢得主动，就要熟记对方的姓名。

在你记住了别人的姓名之后，就要学会应用。下次再和他见面交谈的时候，抓住时机，喊一次他的名字。试试看，看他是不是被感动了。当然，在什么时候称呼别人的名字，也要注意，不能不分时间场合地去叫，这样反倒会产生相反的效果。

所以，记住别人的名字是你成功打造自己人脉圈的第一步。可能会有人认为这是小题大做，但不可否认的是，现代社会中人们希望被尊重、被承认的心态越来越强，使对方有被尊重的感觉，同时使自己赢得对方的好感，你所做的只不过是记住一个名字，天底下没有比这更简单的事了。

第五节　诚信是成功打造人脉圈的基石

康奈集团董事长——名震遐迩的商人郑秀康曾经说过一句话：诚信可以换来钱，但钱绝对买不来诚信。

几千年来，商界“一诺千金”的佳话不绝于耳。现代市场经营更是离不开“诚信”，如今的市场经济就是信用经济。

聪明的人善于利用自己的诚信来创造自己的人脉资源，在他们的眼里，看不见、摸不着的诚信恰恰是人脉的一个良好来源。

一、讲诚信才能有好人脉

诚信是做人的原则，也是一个人在社会上立足的根本。每个人都不愿意与奸诈之徒为伍，都愿意和诚信的人做朋友。诚信，让你的人脉网越来越广、越来越牢固。

被称为“药王”的王进福，就是依靠诚信成就了自己的事业。

在王进福的创业之路上，没有鲜花和掌声，到处是荆棘和坎坷。在公司成立之初，员工只有十几个人，经营场所也是租来的几间简陋的楼房。

王进福把“诚信”作为公司发展的基石，他把一个硕大的诚信宝鼎安放在办公楼一楼大厅，让每一个员工每天上下班都能看到，牢记诚信是企业立足的根本。

公司所有产品都严格按照国家GMP生产，并强化售后服务，24小时开通客户服务免费电话。对于提供原料、包装材料等物品的供货商，按合同约定及时支付全部货款，从不拖欠。他把供货商视为“一个战壕里的战友”，供货商则把他看成“最信赖的朋友”。

对于王进福的“以诚信为企业之根本”，员工们对几年前发生的一件事至今记忆犹新。当时公司一名业务员与一名新客户签订了一份订货合同，让人意想不到的是，合同签订的第二天，这种产品的主要原料大幅涨价，突然提高了5倍多。按照约定的价格履行合同，公司一下子就会赔进去6万多元。

业务员认为，只要诚恳地说明情况，取得对方的理解，合同可以重新签订。但是王进福却认为，这是对公司信誉的一次考验，决不能让公司多年来在客商心目中形成的良好形象毁于一旦，金钱丢了可以再挣，信誉丢了永远都找不回来。最终，他们仍按原合同履行，并从此与对方建立了长期稳固的合作关系。

正是由于王进福的诚信，才使得他拥有了数以万计的忠实客户，大家都相信他，愿意与他合作。王进福凭着自己的诚信，将自己的企业逐渐发展成医药界的“泰山企业”。

尽管如此，王进福仍然坚持以诚信作为公司的发展基石。不管公司发展得有多么顺利，王进福始终坚持以诚信为企业的根本，不欺骗消费者、客户、员工和任何一个与公司有利益关系的人。

1998年，该公司研制的“特效戒烟王”和“九清护肝口服液”分别取得了国家批准文号。为生产出优质高效的产品，王进福亲自把关，购进上等原料，自始至终全程跟踪指导生产。王进福明白，生产药物不同于其他，诚信就是生命。

结果，公司研制的“特效戒烟王”和“九清护肝口服液”大获成功，王进福的企业又迎来了一次新的飞跃。

2006年，王进福被授予“当代儒商”荣誉称号。王进福凭借着自己的诚信，不仅为自己赢得了荣誉，更造就了一个诚信而非凡的企业。

诚信代表着信守承诺，真诚待人。作为领导者，谁不希望自己的下属忠心耿耿？作为朋友，谁不希望自己的伙伴真诚相待？作为夫妻，谁不希望自己的“另一半”对自己信守承诺？在人际交往过程中，有诚信的人比有能力的人更具有吸引力。

当然，诚信不是单向的，而是双向的。如果你的上司对你没有诚信，你就没有必要为他拼死拼活地卖命；如果你的朋友对你没有诚信，你就有必要将他剔除出可信赖的朋友的名单。但是，待人接物，不要因为他人的背叛而放弃了你的诚信，而是应该坚守自己的原则，这样才能够在人脉圈中真正如鱼得水。

二、做人离不开“诚信”二字

诚信是一个人在社会上立足的基本条件。不讲诚信的人，没有人愿意与之打交道，自己的人脉网也会因为人缘越来越差而分崩离析；不讲诚信的企业，也没有人和企业愿意同它共事，最后倒闭只是时间问题。

无论你从事哪行哪业，想拓展和巩固自己的人脉网，都离不开“诚信”二字。

康奈集团董事长郑秀康是一个经营企业时刻讲“诚信”的人。

2002年初，美国零售业大王——沃尔玛公司到康奈考察，他们对康奈的产品质量和生产管理都十分满意，并表示要与康奈签订9万双皮鞋的订单。

这可是一次进军国际市场的好机会，但是郑秀康却犹豫了。原来，康奈的新工业园正在建设中，目前还不能马上投产，按康奈现有的规模，有可能无法按时交货，这样就有可能失去信用。经过多次研究，郑秀康最终还是婉言谢绝了这份订单。

沃尔玛得知详情后，非常敬佩康奈的真诚，他们当即表示：等到康奈新厂房建成后，再向他们订货。

在企业经营中，诚信就是企业对自己所作的承诺负责。在竞争的过程中，当然也会有一些不那么重视诚信的公司为了在短时期内抢占市场，作出了过度承诺，又无法实现，经过一段时间后失去了客户的信任。

中国人民电器集团董事长郑元豹在接受记者采访时曾说，现在的生意人早就告别了当年为生存而活的时代，现在的人做生意，都已经开始讲究诚信经营了。

1976年之前，郑元豹还是个默默无闻的工人，他那时也许根本想不到，多年以后，他会成为中国低压电器制造大王。

郑元豹从一贫如洗，到身价过亿，一切都在变化，唯一不变的是理念，那就是经营企业离不开“诚信”二字。

他一直强调，没有诚信，就没有成功的企业家。

郑元豹把自己的这一理念也贯穿到企业当中，人民电器集团以成为世界知名电器企业为愿景，以向世界人民提供更安全的电器产品为使命，以“人民电器，为人民服务”为核心价值观。人民电器集团致力于生产出最安全放心的电器产品，郑元豹时刻牢记经营离不开“诚信”二字。

曾与正泰集团董事长南存辉、德力西集团董事长胡成中并称“柳市三雄”的郑元豹，把眼光集中到了世界人民的头上，这种关注也包括回馈人民。

人民电器集团曾批量接纳安置国有企业下岗职工，并制定了一系列优惠政策，为他们搞科研开发提供资金，创造了较好的条件。

目前，已有3000多名下岗职工在人民电器集团实现再就业，20000名农民工在人民电器集团找到了用武之地。十几年来，人民电器集团已先后为抗洪赈灾、扶贫济困、汶川地震等公益活动累计捐款捐物达3.8亿多元。

郑元豹说：“为国分忧、主动承担起社会责任，是一个企业和企业家应尽的义务，也是企业价值的延伸。”

而正是由于他坚持诚信的原则，所以不仅他的员工们对他都非常忠心，而且业内的很多人对他也是交口称赞。这使他收获了更多的人脉与口碑。

现在的社会变得越来越群体化，我们工作生活在一个又一个或大或小的集体里，既然是集体，那么每个人都要对集体负责，都要有足够的诚信，这样集体才能得到健康的发展，我们个人的价值也才能得以体现。任何一个集体都不会欢迎弄虚作假、不够真诚的人加入。他们希望得到的，是那些能够把集体当成自己的家，把集体的事业当成自己的事业的人。所以，团体成员在考察一个人能否加入自己的团队的时候，“是否诚信”已经成了一个重要的考核指标。即便你的专业知识水平很高，但是如果你诚信度不够，他们还是会把你拒之门外，因为“诚信度不够”给集体带来的损失要远远大于你可能给集体创造的价值。

正泰集团之所以用“正泰”这个名字，目的是体现“正气泰然”的思想。南存辉是这样说的：“经营要走正道，为人要讲正气，产品要正宗，要讲信誉。”这种“正气泰然”的思想一直影响着正泰的发展。

正泰集团之所以能够从众多企业中脱颖而出，发展壮大，并成为中国低压电器行业第一批得到国家认定的驰名商标，正是坚持诚信经营的结果。

正泰集团董事长南存辉说过“信用对企业是一笔无形资产”，特别是在市场经济日益深入，国际竞争越来越激烈的今天，信誉资源比任何时候都显得宝贵。

一次，几位中亚客商带了1亿多元的大订单来中国考察。他们来到正泰，南存辉开始向他们介绍正泰的情况。这时，对方翻译突然打断南存辉的讲话，他说：“我是中国人，希望中国企业能拿下这笔大订单。你可以把企业的规模说得大一些，他们会相信的。”

南存辉笑了笑。他说：“没有必要，是多大就多大，生意做不成事小，丢了诚信事大。”南存辉继续说起正泰的优势、双方的合作前景，也说起存在的不足和可能出现的困难。结果，这笔业务成交。外商还称赞，南存辉是位坦诚的商人。就这样，双方的诚信合作为他们结下了友谊的桥梁，人脉关系网也就这样打通了。

关于南存辉到底多么有信用，也可以从银行对他的信任中体现出来。

南存辉的个人信用可以使他顺利地从银行贷款3个亿！正如南存辉所说："信用对于我意味着一支笔值3个亿，因为银行对正泰的授信额度是3个亿，只要有我的签字，正泰立刻可以从银行拿到这笔钱。"

不仅仅是像正泰这样的大企业，像南存辉这样的大商人才注重诚信，凡是那些真正懂得维护人脉的人，绝大多数都视诚信为为人处事的准则。

三、以诚待人，人脉更保险

诚信经营，以诚待人，人脉就会在不知不觉中，永远伴随在你的身边。

宁波金凤焊割机械制造有限公司是2006年度市级诚信民营企业，这家创建于1987年，专业从事焊割设备的生产企业，在20余年的发展中，始终坚守"诚信"，不但使企业获得了无数的荣誉，也使其生产的产品畅销亚洲、欧美等国家，并成为了国内焊接行业颇具规模和知名度的企业。

"信誉就如同企业的眼睛，我们要像珍惜自己的眼睛一样去珍惜信誉！"金凤焊割机械制造有限公司董事长章德均总是这样说："诚信待人，企业才会赢来更多的客户，财富才会源源不断地到来。"

真诚待人、信誉第一，这样的标语在金凤公司随处可见。章德均常常说："企业要走得长远，就不能因一时之利而丧失广阔市场；人要想让财富围绕身边，就得讲诚信。"

2008年5月，湖北武汉一家公司向金凤焊割机械制造有限公司购买四台切割机。企业根据客户要求进行报价，双方签订合同后，客户以配置上的合理性和使用的可操作性为由要求更换配置，如果重新更换配置，企业不仅没有赢利反而还要亏损1万多元。

经过商讨后，金凤公司本着信用原则，无条件为客户更换了配置，满足了客户的要求。因为金凤公司的真诚，这个客户之后成为了金凤长期客户，为金凤带来了长远的利益。

对于很多企业来说，都是以产品质量来塑造企业品牌形象的，但在金凤公司，企业客户们所津津乐道的是它的售后服务。

2005年10月，四川成都一客户所购买的切割机，在使用过程中，由于电机出现了故障，导致切割机“罢工”。但当时出现故障的电机是该客户公司采购的外购件，按理应由外购单位负责维修。

但由于外购单位一时派不出人手，而客户又有紧急的生产任务，急于维修，便抱着试试看的态度向金凤公司发出“求援书”。让他没有想到的是，在接到电话的第二天，金凤公司的一名售后服务人员，就带上需要更换的部件，乘飞机赶往四川帮助维修。

如此真诚待人的金凤公司自然会赢得社会的一致赞扬，于是，更多的客户带着订单来了，公司的人脉网也越来越广了。

“人无信不立，业无信必衰，国无信则危”，诚信不仅会树立一个人或者一个企业的良好形象，还会让其获得一种无形的资本，这个资本就是人脉。有了强大的人脉，才能在做任何事情的时候左右逢源。

巩固人脉圈

第四章

古今中外，无论是工作中还是在生活上，人脉都是保证成功的一条捷径。尤其是在这个社会上打拼，人脉会对你的成功起到至关重要的作用。

如果你能够处理好社会上的各种人际关系，势必会让你的工作开展起来事半功倍。而对于那些在社会打拼多年却仍然一事无成的人来说，就更应该学习如何处理好自己身边那些复杂的人际关系。做到有目的地交朋友、见什么人说什么话，就能让你时时刻刻都左右逢源，为你的事业锦上添花。

第一节　和上司搞好关系

很多人每天似乎都忙忙碌碌、兢兢敬业，但却从不被老板赏识。在一些大的公司，老板甚至连你的名字都记不住。很多混迹职场的人往往因此苦恼，不知道其中原因。其实老板都是很聪明的，他们知道什么样的员工能为自己分担工作。你应该多注意那些得到赏识的员工，发现他们身上的闪光点，然后找到自己的不足之处，并加以改正，才能走向成功。

对于每个在社会上打拼的人来说，上司其实也是一种人脉资源，而且这种人脉资源可能比其他的还要更重要一点。所以我们势必要学会如何和上司搞好关系，这样才可以让自己在工作的道路上走得更顺畅一些。

一、这样的员工老板最喜欢

老板是一个人在单位中的重要人脉，有了这条人脉的支持，不但能在工作中如鱼得水，而且还能在单位平步青云。但是别忘了，伴君如伴虎，老板这条人脉也不是随便就能维系好的。那么如何才能更好地维系老板这条人脉呢？首先必须讨得老板的喜欢。

在什么都注重经济效益的今天，很多企业都很注重员工的个人能力。而老板们也都比员工想象得要聪明，因为他们是要挑选能为自己分担工作的人。那么，聪明的领导都喜欢什么样的人呢？

尊重上司是领导赏识的先决条件，试想，哪个领导会喜欢一个不尊重自己的人？当他交给你一项特殊任务时，请记住不管你正在忙什么，老板交代的工作更重要。让老板等候哪怕一秒钟时间都是一种缺乏尊重的表现。

凡事都向老板请示，不负责任或害怕负责任的人，通常都缺乏创造性，所以他们对于企业的发展没有什么好处，不能为老板分担工作，更不可能去做一些富有建设性或创造性的事情。而那些在工作中有主见，勇于开拓创新的人，才是有创造潜能的人，他们给老板们带来的收益是高附加值的。

对企业忠诚度较低的人也不会受老板的欢迎。这种人表现为这山望着那山高，常常“跳槽”，很难讲敬业。从一般情况看，爱“跳槽”的人，对企业自身的相对稳定和管理工作，总是带来这样或那样的麻烦，自然不受老板们欢迎。

老板和客户都非常欣赏那些在困难或紧急情况下能出色完成工作的人。如果你始终保持从容冷静，那么一旦发生问题，你也能很快找到解决办法，能在老板和同事面前留下精力旺盛、工作有条不紊、训练有素的印象手。

一旦你成为决策者，做决定时要快速而坚决，不要优柔寡断或过于依赖他人意见。小心谨慎地权衡意见、及时迅速地做出决定是成功决策者的必要条件。

将“那不是我分内的工作”这句话从你的字典中删掉。当老板要你接手一份额外工作时，请把它视作一种赞赏。这可能仅仅是一个小小的考验，看看你是否能承担更多的责任。千万不要对你的老板说“不，我没时间。”那听起来就像你不愿服从他，你应用“我真的很想做这项工作，但是你想让我先完成哪一项工作呢？”来回答。

一旦工作出现失误，要快速对情况做出评估，制定出控制损失积极的可行性计划，然后直接找老板告知问题所在以及你准备采取的解决办法。决不要没有准备好你自己的建议就带着“我该怎么办”的问题去找老板。

没有人喜欢满腹牢骚的人。人们更愿意同乐观开朗、生活态度积极的人交往。在你最沮丧的日子里，也要向老板和同事显示出你最快乐的一面。

衣着得体，修饰得当，并具有良好的个人卫生习惯非常重要。公司职员的衣着，特别是高级职员的衣着与周末休闲时的随意和摩登恰恰相反，它是保守和反摩登的。如果你的穿着像一名高级经理，人们在与你交谈时便会不自觉地把你视为一个重要的谈话对象。

有一技之长本身就说明个人素质，尤其是在职业素质上超过一般人，如果能够创造一个恰当的环境，他仍旧可以成为企业的骨干，甚至成为老板的得力助手。就价值而言，这些人的含金量高，是企业蓬勃发展的依托。

现在的用人单位用人比较活，喜欢特别的、有潜质的新人。学习快、上手快的新人也很容易得到老板的青睐。企业普遍欢迎有较强动手能力和实践能力的新人。而专业性强的科研部门则希望新人们具有独立的思想，并能提出问题。所以，如果是刚刚进入社会的人还是应该提高自己的动手能力和实践能力，这样对于讨得老板的欢心以及快速在公司建立人脉都有很大的帮助。

二、让老板“爱上”你

在职场中你还处于学习和发展的阶段，身边已经有很多优秀的同事了。那么，你就必须要想方设法让自己“闪光”，这样才能够得到领导的赏识。

“早起的鸟儿有虫吃”，是个老少皆知的格言。也许自己的单位，对迟到考勤方面没有什么特别的要求，但也决不能随便地放松自己。每天不是迟到就是早退，其实，你在公司的一举一动，上司可全都是看得很清楚。如果你每次上班总能比别人提前几分钟到公司，你的上司就会认为你非常重视这份工作。

外表是给人的第一印象，而第一印象给人又是比较深刻的，因此穿着要得体是你必须时刻要注意的，穿得光鲜一点自己也会倍感自信。而有些兼职人员或实习生，公司也许对他们的着装不做强制要求，但也决不能放松自己，要时时刻刻把它作为规则来提醒自己。让老板和同事们不要老想着自己还是一名兼职人员，通常专业化的穿着会获得那些能提拔你的人的重视。

努力了解公司的一切：公司目标、使命、组织结构、销售方式……表现出你愿意接受公司的企业文化。愿意融入这个群体，而不是作一个匆匆过客。除此以外，你还要了解公司的经营方针以及工作作风，你对公司的全局认识有助于你日后的发展。

刚进单位的新人，由于一开始不适应工作时间和工作节奏，因此常常会有刚刚上班就盼望下班的念头。每天下班铃一响，就冲出公司大门的员工，在老板看来，你肯定不喜欢目前的工作，随时准备放弃这份工作。请注意你要将对工作热忱的形象刻印在老板的脑海里，而不是斤斤计较是否在工作多花了原该用于自己休闲的时间。

要想让上司对自己器重，就必须想方设法地使他信任自己，而要想使别人信任自己，就必须做到面对任何状况都能处之泰然，这样的话就可能使老板加深对自己的印象。因为，老板、客户不仅钦佩那些面对危机声色不变的人，更欣赏能妥善解决问题的人。

有许多人在刚开始工作时，为了怕做错事情或者做不好事情，而表现得畏畏缩缩，不敢承担事情，不敢随便发表意见，遇到自己非要做的事情时，表现得犹豫不决或过度依赖他人意见，这是一辈子注定要被打入冷宫的。因为老板深深知道这个道理，企业需要创新才能发展，而创新需要那些做事坚决果断的人才。

一旦老板给自己分配任务时，如果能做到接到工作立刻动手，并能迅速准确及时地完成的话，您的老板一定是开心的，因为反应敏捷给人的印象是金钱买不到的。另外在做事情的过程中，不能消极等待，存在太多的希望和幻想。千万别期盼所有的事情都会照自己的计划而行。相反，你得时时为可能产生的错误和新的任务做准备。

工作需要高度集中的注意力，尝试多花些时间与同事合作，把私人事务暂时搁置吧。尤其忌讳工作中的闲聊，它不但会影响你个人的工作进度，也会影响其他同事的工作情绪，招来上司的责备。注意了这些，你就能树立起一个专业人员的形象，你的整个职业生涯的发展将受益匪浅。

在工作中，与老板难免会有一些误会，但不要因这个误会引起你和自己的老板针锋相对，因为同老板打交道有一条至关重要的准则——永远不要坚持一场不能获胜的战争。如果与老板的确发生一些冲突，这时你应该记住的是：讲究方法。除了注意时机、澄清问题、提出方法以外，更值得一用的是“站在上司的角度思考问题”。如果你自己此刻站在上司的位置上，你会怎么处理这件事，多设身处地为上司想想，改变一下自己的思维方式。长久，上司也会从你的转变中看到你的成长，而愿意跟你一起共事并实现你的目标了。

每一个老板都希望自己的职员能非常熟悉和了解业务知识，这样才能确保开展工作时得心应手，因此你必须具有丰富的知识，才能完成上司交给你的工作。这些工作所需的知识与学校所学的书本知识有很大差异。它需要的是实践经验。另外，如果让老板感觉到你总是能完成更多更重的任务，总是能很快掌握住新的技能的话，相信您在他的心目中肯定会有一席之地的。

三、老板说什么都是对的

老板才是公司的NO.1，无论何时你都要牢记这个事实。因此，老板的命令要绝对服从，千万不要和老板对着干，尤其是在公众场合下。没有一个老板喜欢不听话的员工，所以哪怕老板的决定是错误的，在众人面前也要表现出绝对的服从，然后在私下说出自己的想法。因为老板掌握着公司的生杀大权，得罪了老板，也就等于是得罪了你在公司中最重要的人脉资源。

柳随风的名字很有诗意，他自己也很有文学天赋，毕业以后就到了一家图书公司做了编辑。由于功底扎实，再加上文笔不错，柳随风工作起来得心应手，没有表现出一点不适应。

老板对他的表现也很满意，两个月的试用期才过了一半，就和他签订了正式合同。

看到老板如此器重自己，柳随风工作起来更加卖力了，决定用实际行动报答老板的知遇之恩，没过多久就成了公司数一数二的编辑。柳随风编辑稿子越来越熟练，慢慢地就不把一些规范放在眼里了，开始在某些段落上自由发挥。

稿子是要审核的，一份稿子经常要经过反复地审核和修改才能通过。这是正常的程序，柳随风一开始也没觉得怎么样，总是不厌其烦地按照老板的要求进行修改。但是柳随风不能忍受的是，稿子中自己认为精彩的那些自由发挥的段落，经常被老板下令删除或者修改。

柳随风认为这些段落都是自己精心编写的，对稿子有画龙点睛的作用。但是老板不管他那一套，总说他这些地方不符合公司的标准和规范。

一来二去，柳随风终于忍无可忍，和老板理论了一番，一阵抢白，堵得老板直翻白眼。老板没再和他理论什么，只是阴沉着脸让他回去继续工作，转手把这篇稿子交给了其他人修改。

柳随风以为自己胜利了，可是他不知道，自己的所作所为已经彻底把老板这条人脉给断了。从那天起，发到他手里的都是一些别人不愿意做的稿子。平时上班的时候，老板也没再给过他好脸色。久而久之，柳随风自己也不好意思待下去了，只好选择了辞职。

在社会上打拼，就好像在战场上作战一样。服从的观念在企业界同样适用。每一位员工都必须服从上级的安排，就如同每一个军人都必须服从上司的指挥一样。大到一个国家、军队，小到一个企业、部门，其成败很大程度上就取决于是否完美地贯彻了服从的观念。

服从是行动的第一步，处在服从者的位置上，就要遵照指示做事。服从的人必须暂时放弃个人的独立自主，全心全意去遵循所属机构的价值观念。一个人在学习服从的过程中，对其机构的价值观念、运作方式，才会有更透彻的了解。

当然，西点的训诫和要求是从军事指挥的角度来制定的，在企业中不能机械地照搬。而且，并不是所有上司的指令都正确，上司也会犯错误。但是一个高效的企业必须有良好的服从观念，一个优秀的员工也必须有服从意识。因为上司的地位、责任使他有权发号施令；同时上司的权威、整体的利益，不允许部属抗令而行。一个团队，如果下属不能无条件地服从上司的命令，那么在达成共同目标时，则可能产生障碍；反之，则能发挥出超强的执行能力，使团队胜人一筹。

曾有一位著名的田径教练，每当见到运动员，便苦口婆心地劝他们把头发剪短。据说，他的理由是：问题并不在于头发的长短，而是在于他们是否服从教练。

可见，纵然不懂教练的意图，但不找借口地服从，这才是教练所期望的好选手。同样，不找借口地服从并执行，这才是企业所期望的好员工。这样的好员工，才能够在自己的工作领域建立起广泛的人脉，才能够借助这些人脉是自己的事业更上一层楼。

四、得让老板看见自己有多能干

之所以说老板是重要的人脉，是因为他有着决定员工升迁与否的大权。任何人都得先通过判断再决定自己的行为，老板在做出升迁决定之前，也要有自己的判断。不要以为只要努力工作就能得到老板的奖赏，如果不善于利用老板这条人脉，不让老板看见自己的努力和成果，很可能你的努力只是无用功。

在只有几个人的小公司，你的努力老板都会看在眼里，记在心里，必要的时候也会为你加薪晋职。而如果你置身于一个几百几千人的大公司，你的能力和努力恐怕就不那么容易被发现了。

生活中，较为常见的一种情况是，当你不知疲倦、全力以赴地投入工作的时候，结果发现老板好像对此熟视无睹，从未当面表扬过你。这时，你可能会怨天尤人，牢骚满腹。但你一定要记住，这不完全是老板的过错，公司上上下下，里里外外，有多少人和事情需要老板操心过问？你的“被忽略”也在情理之中。

孔雀为了赢得雌性的注意，张开色彩绚丽的尾屏，把自己最美丽的一面展现出来，引来围观人群的惊叹。孔雀开屏，在恰当的时机把自己最美的一面展现给了自己心仪的配偶，同时赢得了世人的心。孔雀给我们的启示是：仅有才能不见得就能脱颖而出。即使你是一个成就非凡的人，也要懂得表现自己，而不要心存侥幸被人慧眼识中。如果你都不能够把自己的优势展现于人前，那又如何能够积攒人脉等待成功呢?

所以，在快速变迁的职场中，要想成为一名受宠的员工、一名人脉丰厚的员工，那种老黄牛似的只知道默默耕耘，把事情做好也不愿意出风头的工作风格，并不是最佳的选择。我们不能否认这种美德，但从现实看来，这些人通常不容易引起上司的重视。

姚启涵在一家公司已经工作3年了，他的能力不错，工作非常努力。按理说应该得到奖励和提拔，但是却一直没有。问题就在于他的努力和能力一直没有被他的上级老板认可。

老板是个很严厉的人，姚启涵有些怕他，就很少和他打交道，甚至路上看到了也会远远地避开。所以，姚启涵做出的很多努力，老板都不知道。

另外，对于老板来说，姚启涵也是个不太令他满意的员工，虽然他来3年了，老板却对他没有什么了解。看到姚启涵故意回避自己，老板觉得很不解也很不舒服。久而久之，老板和姚启涵之间的关系越来越疏远了。

姚启涵和老板间出现的问题，在职场中是很普遍的，领导和下属之间的心理距离疏远。姚启涵在心里就只把老板当做领导，根本就没有主动和老板拉近距离的愿望，自然也就更谈不上想要和老板建立人脉了。即使他做的工作不少，但得到领导赏识的可能性还是微乎其微的。

恰当地把自己的工作包装、呈现出来，让上司知道你的付出，从而重用提拔你，这其实也是每一位慢慢升迁的职员走向成功的第一步。在信息社会，光会做事已经不够，得让老板知道你做了什么，否则，纵使你累得半死，也很难获得加薪、升迁的机会。

对此，台湾作家黄明坚有一个比喻：“做完蛋糕要记得裱花。有很多做好的蛋糕，因为看起来不够漂亮，所以卖不出去。但是在上面涂满奶油，裱上美丽的花朵，人们自然就会喜欢来买。”做完蛋糕要想到裱花，有了美丽的奶油花朵，蛋糕就会赢得人们的青睐。随时报告老板，就是在自己做的蛋糕上裱花、让老板为你喝彩。

如果你不打算受到重用，想继续坐冷板凳，那就蹲在角落里默默耕耘吧，否则，每当做完自认为圆满的工作，要记得向老板、同事报告，别怕人看见你的光亮；当有人来抢夺属于你的功劳时，也要坚决捍卫，因为这是你巩固老板这条人脉的重要筹码。

记住，当你完成了一件很棘手的任务时，要在第一时间向你的老板汇报，让他知道你有一个好脑袋和快刀斩乱麻的能力，不光只会吃干饭。

中国人是提倡谦虚的，我们通常都不愿意主动表现，甚至会去打压爱表现的人。谦虚是没有错的，然而，过分谦虚往往形成负面效应，一是显得虚伪，二是自贬了身价，让他人看不到你真正的价值。

人们不欣赏那种锋芒毕露、恃才傲物、处处咄咄逼人的做派，但偶尔恰到好处的表现是可取的，毕竟上司的认可程度在一定时间段内直接影响着我们的价值体现。即便你是千里马，也要让伯乐看到你的能力，这样你才能登上发挥能力的舞台，建立更加广泛的人脉网络。

第二节 人情要送得讨巧

建立好人脉网仅仅是万里长征走完了第一步，你还要细致地维护你的人脉，才不会使你的人脉流失。因为你的人脉可能对你的一生都起到至关重要的作用，所以人脉要花一生的时间去经营与维护。

平时要把维护人脉关系网当成一种习惯，做到自然相处，和谐互利，这样才能使人脉正常化、深入化发展，这样在你有困难的时候你的人脉关系网中某个关键朋友就会站出来给予你莫大的帮助。如果你平时对你的人脉爱理不理，任其流失，那么当你的事业陷入危机的时候，你的人脉网中的任何人也不会过来关注你。

一、雪中送炭强似锦上添花

拓展人际关系的一大法宝就是伸出热情的手，去帮助和关怀别人，也许这对你来说只是举手之劳，但对别人来说却犹如雪中送炭，那么别人对你定会有“滴水之恩，当涌泉相报”的感激。

魏兴明是一名年轻的律师，聪明又勤奋，工作几年后，就在上海成立了一个律师事务所。在他的努力下，他的律师事务所在当地开始有了名气，财富也接踵而来，办公室扩大了，公司的职员也增加了。

可是2007年，在股票处于牛市的时候，他像许多股民一样迷上了炒股，一念之间将所有的资产都投了进去，却血本无归。更不巧的是，公司在一个重大案子上出了麻烦，欠下了大笔债务，他不得不变卖房、车还债，并关闭了律师事务所。

魏兴明一下子又回到了一无所有的地步，正当他为自己的生计发愁的时候，却意外地收到了一位公司总裁寄来的信。信中说他愿意把公司30%的股份无偿赠送给他，并且旗下的两家公司，随时都欢迎他做终身法人代表。

魏兴明简直不敢相信自己的眼睛，天下哪有这样的好事？他决定弄个明白，他按照信封上的地址找到了那家很气派的公司，接待他的是公司的总裁，但魏兴明并不认识他。

那位总裁什么都没说，只是从硕大的办公抽屉中，拿出一张皱巴巴的5元钱汇票和一个写有魏兴明名字和地址的名片，魏兴明仍然没有想起这究竟是怎么一回事。

总裁说：“5年前，我来到上海，准备用身上仅有的5元钱去办理工卡，但当时我不知道工卡已经涨到了10元，当排到我的时候，办事处快下班了。当天如果我没办上工卡，那么我在公司的位置将会被别人顶上，这时你从身后递过来5元钱，我让你留下姓名、地址，以便日后把钱奉还，所以你留下了这张名片……”

魏兴明这才恍惚记起那件事，问道：“后来呢？”

“不久我在这家公司连续申请了两个专利，事业发达起来，本想加倍地把钱奉还给你，但想到来上海之后工作生活经历了那么的磨难和冷遇，是你这5元钱改变了我对人生和社会的态度，我怎么会把这5元钱轻易地送出呢？现在，我想正是你需要的时候，也是我偿还的机会。”

这个故事似乎含有很大的偶然性，但是偶然中必然蕴含着许多必然。当初是魏兴明用5元钱帮助了别人，5年后，在自己遇到困难的时候，也得到了别人的恩惠。这种回报与其说是上帝的赐予，不如说是魏兴明当初种下了善因，而一个有着善心和善举的人，是应该得到回报的。

二、冷庙烧香，朋友不能忘

现代人生活忙忙碌碌，没有时间进行过多的应酬，日子一长，许多原本牢靠的关系就会变得松懈，朋友之间逐渐互相淡漠。这是很可惜的。所以即使再忙，也别忘了沟通感情。

你有没有这样的经验：当你遇到了困难，你认为某人可以帮你解决，你本想马上找他，但后来想一想，过去有许多时候本来应该去看他的，结果都没有去，现在有求于人就去找他，会不会太唐突了？甚至因为太唐突而遭到他的拒绝？

在这种情形之下，你不免有些后悔当初为什么没有“冷庙烧香”了。

法国有一本名叫《小政治家必备》的书。书中教导那些有心在仕途上有所作为的人，必须起码搜集20个将来最有可能做总理的人的资料，并把它背得烂熟，然后有规律地、按时去拜访这些人，和他们保持较好的关系。这样，当这些人之中的任何一个当上总理，自然就容易记起你来。

这种手法看起来不大高明，但是非常合乎现实。一本政治家的回忆录中提到：一位被委任组阁的人受命伊始，心情很是焦虑。因为一个政府的内阁起码有七八位部长，如何去物色这么多的人去适合自己？这的确是一件难事，因为被选的人除了有适当的才能、经验之外，最要紧的一点，就是“和自己有些交情。”

和别人有交情才容易得人赏识，不然的话，任你有登天本事，别人也不知道。

善于放长线、钓大鱼的人，看到大鱼上钩之后，总是不急着收线扬竿，把鱼甩到岸上。因为这样做，到头来不仅可能抓不到鱼，还可能把钓竿折断。他会按捺下心头的喜悦，不慌不忙地收几下线，慢慢把鱼拉近岸边；一旦大鱼挣扎，便又放松钓线，让鱼游窜几下，再又慢慢收钓。如此一收一弛，待到大鱼筋疲力尽，无力挣扎，才将它拉近岸边，用提网兜拽上岸。

“平日不烧香，临时抱佛脚”，这是人脉经营的大忌，所有人都对此深恶痛绝。所以在平时就要注意自己的言行，真诚地去关心朋友的感受，主动去联络朋友、去关心别人，并让朋友真正体会到自己的关心，这样关键时刻需要求人的时候人家才会愿意帮助你。

王振浩是一家中小企业的董事长，他的企业长期承包那些大电器公司的工程，对这些公司的重要人物常施以小恩小惠。然而王振浩的交际方式与一般企业家的交际方式的不同之处是：不仅奉承公司要人，对年轻的职员也殷勤款待。

虽然这样的做法多少让人感到不解，但是任谁都知道，王振浩是不可能无的放矢的。

事前，王振浩总是想方设法将电器公司中各员工的学历、人际关系、工作能力和业绩，作一次全面的调查和了解，认为这个人大有可为，以后会成为该公司要员的，不管他有多年轻，都尽心款待。王振浩这样做的目的是为日后获得更多的利益作准备。

王振浩明白，十个欠他人情债的人当中，有九个会给他带来意想不到的收益。他现在做的“亏本”生意，日后会利滚利地收回。

所以，当自己所看中的某位年轻职员晋升为科长时，他会立即跑去庆祝，赠送礼物，同时还邀请他到高级餐馆用餐。年轻的科长很少去过这类场所，因此对他的这种盛情款待自然倍加感动，心想：我从前从未给过这位董事长任何好处，并且现在也没有掌握重大交易决策权，这位董事长真是位大好人!无形之中，这位年轻科长自然产生了感恩图报的意识。

正在受宠若惊之际，王振浩却说：“我们企业公司能有今日，完全是靠贵公司的抬举，因此，我向你这位优秀的职员表示谢意，也是应该的。”这样说的用意，是不想让这位职员有太大的心理负担。

这样，当有朝一日这些职员晋升至处长、经理等要职时，还记着王振浩的恩惠。因此，在生意竞争十分激烈的时期，许多承包商倒闭的倒闭，破产的破产，而王振浩的公司却仍旧生意兴隆，其原因就是由于他平常关系投资多的结果。

纵观王振浩的“放长线”手腕，的确让人佩服，不愧是“姜还是老的辣”。然而这也揭示了建立人脉网络要有长远眼光，尽量少做临时抱佛脚的买卖，而要注意有目标的长期感情投资。

如果要烧香，就找些平常没人去的冷庙，不要只挑香火繁盛的热庙。热庙因为烧香人太多，神仙的注意力分散，你去烧香，也不过是众香客之一，显不出你的诚意，神对你也不会有特别的好感。所以一旦有事求他，他对你只以众人相待，不会特别照顾。

但冷庙的菩萨就不是这样了，平时冷庙门庭冷落，无人礼敬，你却很虔诚地去烧香，神对你当然特别在意。同样的烧一炷香，冷庙的神却认为这是天大的人情，日后有事去求他，他自然特别照应。如果有一天风水转变，冷庙成了热庙，他对你还会特别看待，不把你当成趋炎附势之辈。

寸金之遇，一饭之恩，可以使他终生铭记。日后如有所需，他必奋身图报。即使你无所需，他一朝否极泰来，也绝不会忘了你这个知己。

俗话说：“在家靠父母，出外靠朋友。”每个人生活在社会上，都要靠朋友的帮助。但平时礼尚往来，相见甚欢，甚至婚丧喜庆、应酬饮宴，几乎所有的朋友都是相同的。而一朝势弱，门可罗雀，能不落井下石、趁火打劫就不错了，还敢期望雪中送炭、仗义相助吗？

“人情冷暖，世态炎凉”，趁自己有能力时，多结交些潦倒英雄，使之能为己而用，这样的发展才会无穷。

平时不屑往冷庙上香，临到头再来抱佛脚也来不及了。一般人总以为冷庙的菩萨不灵，所以才成为冷庙。其实英雄落难，壮士潦倒，都是常见的事。只要一朝得势，顺风顺水，仍是会一飞冲天、一鸣惊人的。

从现在起，多注意一下你周围的朋友，若有值得上香的冷庙，千万别错过了才好。

三、有些人，就算不去送人情，也千万别得罪

一般人都认为，在公司里只要尽心尽力，取得业绩，赢得上司的赏识和老板的欢心，自己的职业生涯就可以一帆风顺了。于是就会忽略了对那些一般行政人员应有的尊重和礼貌，认为他们的工作都是理所应当的。因此，平时就对他们指手画脚，急躁起来甚至会对他们吹胡子瞪眼。

这是一个非常严重的认识误区。事实上，有些人的职位虽然不高，权力也不怎么大，跟你也没什么直接的工作关系，但是，他们所处的地位却非常重要，他们的影响无处不在。他们的资历比你高，职场风浪经历比你多，要在你身上找点毛病、失误，实在是易如反掌。

别轻视职场上那些鸡毛蒜皮的小事，它们往往能左右你的工作效率。更不能小看那些平日不上眼的人，他们的潜能会让你大吃一惊，甚至影响到你的业绩和升迁。在职场中，有些人是你绝对碰不得的“地雷”。

譬如财务部门的人，千万不要以为财务部门只是做做财务报表，开开单据。在以数字化生存的时代里，财务部门的统计数据，决定着你的预算大小和业绩优劣。财务人员已经从传统的配角逐渐走入参与决策的权力核心，他们对各个部门业务的熟悉程度简直会让你大吃一惊。而对金钱的斤斤计较也使得老板对他们言听计从。

金钱是权力的狗腿子，在你没有足够的权力时，最好对他们笑脸相迎。

另外，进入公司要靠人事部门，求得生存也靠人事部门，加薪提升更要靠人事部门，因为人事部门的人无处不在。偶尔迟到、早退也许不算什么，但是只要他们想做，随时随地都可以揪你的小辫子，你的表现又会好到哪里去?

敏锐的耳目是老板最需要的，而人事部门的人就是最好的眼线。即使在办公室里放松片刻，背后说不定都有一双发亮的眼睛在盯着你。

秘书绝对是公司的重要人物。他们是老板的亲信、参谋，甚至可能更加亲

密。得罪了他们，简直性命攸关，只要他他在老板面前随便说上几句，你的多年努力就会毁于一旦。

老板的秘书完全有可能是决定你事业成败的关键人物，他们的三言两语抵得上你的百般辛劳。

还有一些公司里会有一些“奇怪”的人，他们貌似整天什么也不干，除了东晃晃就是西晃晃，让人猜不透老板到底是哪根儿筋不对了，居然花钱请这些人来。这时候请你一定要注意了，他们可能是老板的旧日同窗好友，可能是童年伙伴、邻居，他们在这里唯一的目的，就是充当老板的心腹眼线，作用有的时候等同于秘书和人事部门的综合。如果他们发起威来，不管是谁都唯恐避之不及。他们想要废了你，绝对是借刀杀人不见血，除了仓皇出逃外，你别无生路。

不过好在这些人比较好认，一眼就能看得出来，所以进入公司的第一件事，就是把他们认出来，保持距离，永远用恭敬的微笑面对他们是你的最佳选择。

最后，也是最让人意想不到的，就是一定要提防你身边的同事们。

远亲不如近邻，与你隔桌相望，你的一举一动都在他们的眼里，甚至你的电话交谈他们都听得一字不漏，如果他们变成跟你咫尺天涯的竞争对手，你就太危险了。他们既是你需要笼络的人脉，同时你也需要小心提防，不能得罪他们。

所以，一定要当心，这些平时一起吃饭、一起加班、一起挤车回家的亲密同事们，很有可能就是你身边的定时炸弹。锁好所有的文件，别露出任何把柄吧，因为这些离你最近的同事们很有可能就是你人脉网中潜藏的隐患。

四、做一个勤劳的人脉网维修工

不要以为成功结交了贵人之后，就可以高枕无忧了。平时对小钱斤斤计较，等到遇到困难的时候再去向人求助，可想而知会得到什么样的回答。

保持人际关系并不是一定要花很多钱，或者耗费太多的时间。其实，有的时候，一些自然而然的联络就可以起到保持人际关系的效果。

在外面奔波的时候，不妨利用机会探访一下顺路的朋友。哪怕只是见面后简单地寒暄几句，或是利用中午休息时间和对方一起吃个便饭。虽然只有短短的时间，但却对保持长久联系非常重要。

你平常一定听过这些朋友很骄傲地述说着子女的事情，所以要知道他们的孩子念哪所学校，这其实很容易，只要平常用点心思就可以了。你可以利用到学校附近办事，或者探望亲戚孩子的机会去探望他们。如果你的孩子恰巧也在这里上学，那么理由就更充分了。这比拜访朋友本人更为有效，如果你常去看这孩子，早晚孩子会把这事告诉家长。

平时多和朋友聚聚，下了班后，大家也可以一块喝喝茶。不论是迎新送旧还是大功告成，找各种理由大家一块儿聚聚。这不只是大家互相联络感情，也是松弛一下紧张许久的神经的好机会。人原本就有喜新厌旧的本性，与早已熟知的朋友相比，新朋友更能吸引我们的好感而频频与之接触

寄生日卡及新年贺卡就不用说了，最好还要知道一些对于朋友有特殊意义的日子。比如他的生日、结婚纪念日，等等。

美国喜剧演员雷·伯顿寄出的圣诞卡就是不一样。伯顿的贺卡总是别具一格，他绝不说陈腔滥调的客套话，他写的话十分切中要点。也能正确提及收件者与他最近一次联系的时间。内容通常是："我永远不会忘记和你在4月15日见面，而且大骂今年的腐败丑陋事件。"

可想而知，当你的朋友收到一张这样有创意的贺卡的时候，他会是什么样的心情。绝对不要低估一张简单感谢卡的力量。小事情代表一切。

如今的社会交往十分便利，因此你的朋友可能来自天南海北。远方的朋友不能亲自拜访怎么办？发个E-mail或者打个电话，都是不错的选择。你们可以通过网络和电话互道彼此的思念之情。遇到什么喜事或者烦恼的事情，也可以向朋友

倾诉一下。朋友贵在交心，你这样将自己的心事与他们分享，他们也会同样把你当成知心朋友。你们之间的感情也会在不经意间得到加深。

当然，打电话的时候一定要选好时间，不要干扰了朋友正常的工作和休息。

当有朋友生病或者住院的时候，一定要去探望探望。因为处在困境的人是最容易被人感动的。无需太多的语言，也无需贵重的礼品。也许一束鲜花、一包水果，就足以让你们之间的距离更加贴近。

当你的朋友举行大的活动、庆典的时候，比如婚礼、葬礼、聚会，等等，一定要亲自到场参加。这样，主人才会感觉到你很重视他，也很重视你们之间的感情。无形之中，就巩固了你的人脉。

还有很重要的一点，在发达以后要想到以前的朋友，做起来确实有一定难度。有些人往往过河拆桥，将患难朋友弃之脑后。

只有目光短浅的人才会过河拆桥，在遇到困难的时候又会到处求助。但是这时你会发现以前帮助过自己的朋友都不再会伸出援助之手。为什么？因为过河拆桥是急功近利的表现，过河拆桥会让朋友寒心，过河拆桥会断送自己的人脉。

第三节　独乐乐不如众乐乐

很多人刚开始进入社会的时候总想什么事都应该是各人自扫门前雪，但一个人的精力总是忙不过来，结果出现头痛医头，脚痛医脚的忙乱场面。而有一些人却是非常睿智的，他们认为三个臭皮匠，顶个诸葛亮。大家齐心协力，各自发挥自己的特长，离成功就更近了一步。

一个人可以做些小生意，但是如果想赚大钱，就不是一件容易的事情了。怎样才能壮大自己的实力，使自己更具有竞争力呢?

聪明的人想到的是合作，与人分享。因为他们明白——分享是一种智慧。

一、有钱大家一起赚

合作与分享是一种最明智的选择。将尔虞我诈的竞争变为互相协助的合作，就可以化干戈为玉帛，获得意想不到的收获和财富。

虽说社会犹如一个没有硝烟的战场，但在市场竞争过程中，并非只有竞争对手没有朋友。广结人缘等于给自己的发展编织网络，今天的竞争对手，明天可能就是合作伙伴。

安信地板有限公司的董事长卢伟光刚上大学的时候，个性比较孤僻，朋友不多，他把精力全都花在学业上。在他的心目中，只有学业是最重要的，而每一个同学都是他的竞争对手。为此，他虽然拥有最好的成绩，却生活得很寂寞。

然而，这样的生活在一次事件之后彻底改变了，这次事件也彻底改变了卢伟光的一生。有一次，他在学校武术训练队拉伤腿部肌肉，几位队友费力地把他背到了医院。这件事情对卢伟光的影响很大。

他说："我意识到，人在任何时候都需要别人来帮助。可能你今天很强，很能干，但人总会遇到自身能力无法克服、无法解决，必须借助外界力量来帮助的情况。也许帮助你的人或者被你帮助的人平时不一定是你最认同的，但他是你最需要的。"

通过这件小事，卢伟光深深意识到朋友的重要性，合作的重要性。他从此开始和同学们打成一片，不再只是把同学们当成竞争对手，而是和同学们一起合作，共同学习。渐渐地，卢伟光发现，自己和同学们相处得越来越融洽，思维也越来越活跃，甚至还从很多同学身上学到了很多优秀的学习方法。

经商之后，卢伟光仍然坚持与人合作，从不把竞争对手当成单纯的敌人，而是时刻想着与他们合作，从他们那里学到东西。这样的卢伟光，不仅拥有了良好的合作伙伴，更拥有了巨大的财富。

不管是信息、金钱利益或工作机会，懂得分享的人，最终往往可以获得更多人脉。因为，朋友愿意与他在一起，人脉越丰富，成功的机会自然也就越多。

一个懂得分享的人，他的人脉圈就会丰沛而且充满活力，因为这样的人身上有一种特殊的吸引力，吸引更多的人脉资源。此外，在这个世界上，有些东西是越分享越多的，更重要的是，你的分享将会使更多人愿意与你在一起。

二、三个臭皮匠顶上一个诸葛亮

人不是万能的，有些时候会遇到一些自己无法独立解决的困难。这个时候，就能看出一个人的人脉资源是否强大了。人脉资源够强大，自然就会有人站出来帮忙。所谓“三个臭皮匠顶个诸葛亮”，每个人都把自己的优势拿出来一起分享，再大的困难也能克服。

人们在合作的时候，如果能够充分地信任对方，心往一处想，劲往一处使，共同为了赚钱而努力，那么他们就是懂得怎样与人合作了。这样他们就能互相学得对方的智慧点子，共同发展。

庄吉集团的创始人之一郑元忠是改革开放初期有名的“电器大王”，后来，他选择了服装业，成立了一家服装公司，但是却一直没有做出大成绩。

一次偶然的机会，郑元忠认识了同样搞服装的陈敏，两人一谈，相见恨晚。于是，两人在商量后成立了庄吉服装有限公司。

那时，郑元忠懂营销，而陈敏对服装界了若指掌，就这样，二人互相合作，让一个好点子变成了两个。果然，企业有了明显的进步。

不久，懂管理的吴邦东也加入其中。三人在公司各司其职，各有所长，被业界称为“黄金三角”。

当时，对于谁当董事长的问题，三人都看得很开。按股份，郑元忠是理所当然的董事长。但是，郑元忠却选择让陈敏来当董事长。正如他日后所说：“服装该由懂服装的人来做，陈敏是当时服装界数得着的少帅，又是服装商会副会长，三个人里边，肯定他最行，而且也年轻。”

三人都是自己专业里的优秀人才，但他们没有选择将自己的点子烂在肚子里，而是将各自的点子拿出来共同分享，让一个好点子变为两个、三个……让它们开花结果，在分享中赢得最大的财富。

三人从一开始组合就达成一致：庄吉的权利在董事会，实行董事会领导下的总裁负责制。公司绝对不安排任何人的家族成员。有一次，陈敏的侄子大学毕业后，想到庄吉来工作，被陈敏拒绝了。

如今的庄吉，股权清晰，事事由董事会集体决策，已经创造了许多第一：全国第一家利用品牌做质押贷款的民营企业；第一家民办服装研究所等等。

庄吉还与中国美院、杭州丝绸学院等多家科研单位合作，成功地把庄吉定位于高档次的服饰品牌。

如果当初郑元忠没有主动要求与陈敏分享自己的智慧，又没有邀请吴邦东的加入，没有三人点子的融合，智慧的无限放大，那么今日的庄吉可能还只是个名不见经传的小厂而已。分享彼此的好点子，分享彼此的智慧财富，就能赢得人生的金钱财富。

正泰的老板南存辉和德力西的老板胡成中当年也一起创办了求精开关厂。他们一个懂技术，一个懂管理，互相分享彼此的好点子，结果获得了巨大的成功。正如南存辉所说：“对创业者来说，分享智慧是一种明智。”

每个人心目中都有自己的独特的想法，老是局限于自己的那一个点子，人就永远不能进步，而时刻懂得分享的人，就能得到别人的好想法，从而充实自己。与人合作，分享智慧，大家共同进步，共同发展，赚得钱财。人脉越滚越广，财脉越滚越大。

在刚刚进入社会的时候，正是急需要智慧和力量的时候，这就体现出来了人脉的重要性。如果你缺乏技术及管理能力，你就不得不借助他人的智慧和力量来壮大自己。而大家都把自己好点子拿出来，共同分享，才会使得企业如一泉活水，一直发展下去。

阿里巴巴的马云说过："聪明是智慧者的天敌，傻瓜用嘴讲话，聪明的人用脑袋讲话，智慧的人用心讲话。所以永远记住，不要把自己当成最聪明的，最聪明的人相信总有别人比自己更聪明。"因此，最聪明的人往往是那些借助他人力量的人，彼此互相分享对方的智慧，每个人就拥有了双份的智慧。

让一个好点子变为两个，是最明智的选择，这也正是广结人脉的意义所在。

三、分享得越多，就会有越多人想要与你分享

懂得分享的人，不仅能交到难得的朋友，还能交到一生的好财运。这种人善于与人分享，从而赢得别人的尊敬和喜爱，也享受到他人的帮助，使自己的财富越滚越大。

李嘉诚曾经这样说过："做生意不能老想着自己赚钱，能赚10块钱的生意，赚6块钱就行了，其他4块分给别人赚。这样，别人在赚钱的时候也会想到你，你赚钱的机会就会越来越多。"

总结一条在社会上打拼的经验，那就是——"懂得分享，才能既交到朋友又交到财运。"

大家一起合作、一起分享，既是朋友，也能共同赚得大笔的钱财。分享的力量是巨大的，因为彼此的分享，大家在一起协作，共同出谋划策，共同为一个目标而奋斗，产生了朋友情谊。这种朋友情谊更能体现在之后的生意中，大家分享

彼此的策略方法、资金人脉，最终大获全胜，财运到来。

这种集体的合作分享，不仅让大家互相信任成为了好朋友，也分享了彼此的智慧资源，赢得了财富。这些懂得分享的人，他们是非常团结的，他们紧紧地依偎在一起，彼此协作，彼此分享各自的资源，彼此获得更大的好处。

在商业活动中，往往非常讲究团队协作，这种精神恰恰与分享的真谛相吻合。例如在面对巨额的投资时，最好的方法就是互相团结起来，然后慢慢“分享”它。

谢福烈是四川温州商城的董事长，他是第一位到四川从事房地产开发的商人。

1997年，谢福烈在四川广元兴建第一个商城时，曾经在四川引起了轰动。如今，谢福烈的投资已经扩展到了乐山、三台、营山、自贡等地方。这些投资已经超过了7亿元。这么多的投资，谢福烈却没有向银行贷款过一分钱。

那么，谢福烈的资金是从哪里来的呢？

谢福烈投资自贡商城时总投资需要3亿多元，这么多的资金靠谢福烈的自有资金显然是不够的。于是，他把自己的计划向其他60多位老乡公布。结果，这些老乡们二话没说，集资凑足了3亿，这个项目就被这些有钱一处花的人们给拿下了。

可以想象，有什么人会在你需要几亿资金的时候慷慨相助呢？懂得分享的人彼此成为了朋友，他们相信朋友，相信彼此的合作，相信大家的智慧，于是乎，钱财必然落入他们的腰包了。

无论从事什么样的事业，不仅要有股坚忍不拔、埋头实干的精神，更需要和同伴彼此间信任、团结，总能把各自的力量和才干集中起来干大事。

因为懂得分享，既能为自己赢得朋友，又能赚得更多的钱财，可谓一箭双雕。

四、他人瓦上之霜也可以适当地管一管

一个只扫自家门前雪，不管别人瓦上霜，把帮助别人看做是“自找麻烦”、“自讨苦吃”的人，是不会有朋友的。

帮助别人，其实就是在帮助自己。

郑友军接到电话，说他的太太快要生了，他跳进公司的那辆破车就往外冲。“车爬不上山坡！”同事在后面喊。原来，郑友军要回家就得过一个山坡，那个山坡很陡，而公司的这辆车已经太老了。

郑友军边踩油门边说：“没办法，只好冲冲看了!”

果然，一开始爬坡，车就吃不消了，但还是能慢慢地往上走。眼看就要冲上去了，一个提着木箱的人过来拦车：“能不能带我一程？箱子太沉了!”

郑友军连理也没理他，他心想：“我自己都不一定过得去呢？”但就在这时，车停住了，无论他怎么踩油门都无济于事，并且开始往下滑。

郑友军索性退回去，准备再次冲刺。这次车居然缓缓地爬了上去，郑友军松了一口气，正兴奋，却从观后镜里看到了刚才拦车的那个人，郑友军立即满脸通红。

郑友军回过头来不好意思地说：“刚才是你帮我？”

“嗯，你……能不能带我一程，我赶着去帮人接生!”

原来，这位拦他车的人就是要为他的太太接生的大夫啊！

在这个商品经济时代，越来越多的人表现出自私自利的人性弱点，有人甚至为了自己的利益，不惜损害别人的利益。我们应该明白，用老百姓的一句话说就是，这一辈子谁还没有用得着谁的时候？俗话说：“三十年河东，三十年河西。”世事无常，谁都不知道将来会需要谁的帮助，与人方便，自己方便，何乐而不为？

埃·哈伯德说："聪明人都明白这样一个道理，帮助自己的唯一方法就是去帮助别人。"很多人在建立和扩大人脉网的时候，都会有无从下手的感觉，事实上，只要你能在别人需要帮助的时候，愿意伸出你热情的手，你的人脉网就会越来越宽泛。

五、有好东西大家一起用，别藏着掖着

生活中会有各种各样的风风雨雨，在风风雨雨中间，任何人都离不开朋友在前进的道路上互相搀扶。如果你想要交朋友，一定要记住一个前提条件——你要学会和朋友去分享生活，分享你的物质财富而不是自私自利地独享所有收获。

学会和别人分享钱财，别人看到了你的大方，也看到了你的诚信，那么他会给你更多。这就是分享的好处，关键是自己能不能平衡好自己的这个心态。平衡好，你就赢了，获得了人脉，成了大人物。

著名人际关系交往家卡耐基曾租用纽约某家饭店的大舞厅，用来举办一系列的讲课。然而在某一季度开始的时候，他突然接到通知，说他必须付出比以前高出3倍的租金。当卡耐基得到这个通知的时候，入场券已经印好，并且发出去了，而且所有的通告都已经公布了。

如果现在取消演讲的话，那么势必会引起人们的不满，这对于卡耐基的口碑会造成很大的影响。可是卡耐基也并不想支付这笔增加的租金。他知道跟饭店的人理论是没有什么用的，于是，几天之后，他去见饭店的经理。

"收到你的信，我有点吃惊，"卡耐基说，"但是我根本不怪你。如果我是你，我也可能发出一封类似的信。你身为饭店的经理，有责任尽可能地使收入增加。如果你不这样做，你将会丢掉现在的职位。现在，我们拿出一张纸来，把你因此可能得到的利弊列出来，如果你坚持要增加租金的话。"

然后，卡耐基取出一张纸，在中间划了一条线，一边写着"利"，另一边写

着“弊”。

他在“利”这边的下面写下“舞厅空下来”几个字，然后他说：“你把舞厅租给别人开舞会或开大会是最划算的，因为像这类的活动，比租给人家当讲课场能增加不少的收入。如果我把你的舞厅占用20个晚上来讲课，你的收入当然就要少一些。”

“现在，我们来考虑坏的方面。”卡耐基又开始在“弊”的下面写起来，“首先，如果你坚持增加租金，你不但不能从我这儿增加收入，反而会减少自己的收入。事实上，你将一点收入也没有，因为我无法支付你所要求的租金，我只好被逼到另外的地方去开这些课。”

“而且，”卡耐基着重停顿了一下，“你还有一个损失。这些课程吸引了不少受过教育、修养高的听众到你的饭店来。这对你是一个很好的宣传，不是吗？事实上，如果你花费5000美元在报上登广告的话，也无法像我的这些课程能吸引这么多的人来你的饭店。这对一家饭店来讲，不是价值很大吗？”

卡耐基一面说，一面把这两项坏处写在“弊”的下面。然后把纸递给饭店的经理，说：“我希望你好好考虑你可能得到的利弊，然后告诉我你的最后决定。”

其实有的时候彼此各让一步，互相分享一下对方的资源，这样不仅可以结交到朋友或是伙伴，而且还有可能创造双赢的局面。反之，如果一味地故步自封、完全自己单打独斗，那么吃独食的后果完全有可能是一败涂地，毁了人脉也赔了买卖。

饭店的经理是个聪明人，所以第二天卡耐基收到一封信，通知他租金只涨50%，而不是300%。

一个懂得分享的人是知道其中的大利与大弊的，只有学会分享钱财，才能让你收获更多。“钱乃身外之物”这句古语谁都知道，可是真正能够理解其含义并付诸实践的人却是少之又少，这是一种获得人脉的战术。学会这种欲擒故纵的战术，是一个人在社会上必须懂得的策略。

比尔·盖茨是一个拥有巨额财产却从不张狂、总能将自己的钱运用到最需要的地方的人。这种做法实实在在，却让很多人为之震动。

平时在与员工相处中，比尔·盖茨从不像是个有钱人，他拥有巨额财富却不张扬。他是一个低调的慈善家，他总是默默地关注着那些需要被帮助的人。这位全球巨富从卸任微软执行董事长起，自己连“人”带“钱”就全部投入到了慈善事业中。他决定把80%的时间用于慈善事业，并将总计市值为580亿美元的个人资产悉数移交至“比尔和梅琳达·盖茨基金会”账户名下。

这一举措为他赢得了极高的声誉，这无疑就是一个以财富换人气的典型事例。

比尔·盖茨总是告诉妻子，自己努力工作并不只是为了钱。对待这笔巨大的财富，他从没有想过要如何享用它们，“我只是这笔财富的看管人，我需要找到最好的方式来使用它，因为最终我会把我所有的财富都投入到慈善事业中。”

当然，他低调从善的举动，也是有一个过程的。

促进比尔·盖茨根本转变的，是1993年秋天，他和后来成为他妻子的梅琳达等人到非洲旅游，当地人民的极度贫困状况让比尔·盖茨的心灵受到了极大的震颤。他感慨之余，扪心自问：“我能做什么？”

这时的老盖茨对儿子说，应该建立基金会，开展慈善工作。一个星期后，盖茨拿出1亿美元作为起步资金，创建“比尔和梅琳达·盖茨基金会”，老盖茨是最初的管理者之一。在自家厨房餐桌上，老盖茨签出基金会第一张支票，向西雅图一个癌症治疗项目捐赠8万美元。

如今“比尔和梅琳达·盖茨基金会”已经成为了世界上最大的慈善基金会。它主要在全球从事医疗保健、图书馆建设、教育和社区服务工作等。

2003年，梅林达·盖茨与丈夫比尔·盖茨再次走入非洲，到多家医院参观访问。媒体对他们这次访问非洲非常关注，大量记者蜂拥而至准备对他们进行专访。

但是低调的盖茨并没有接受任何媒体采访，而是专心致志地与医护人员及艾滋病、癌症、疟疾等重症患者进行了亲切交谈。而且盖茨还重申："有生之年，我们打算将价值400多亿美元的财富全部捐献给社会。"

2004年7月，盖茨做出惊人之举，他决定将30亿美元的微软股票红利投入"比尔和梅林达·盖茨基金会"，这成为美国历史上最大的一笔捐款。盖茨同时也赢得了世界上最乐于慈善事业之人的称号。至此，盖茨已将他37%、价值283亿美元的财富用于各种公益事业。

盖茨的理想是让别人都能从这些财富中受益。他说："钱越多，责任越大，借助事业成功，我获得巨大财富。随巨大财富而来的是回馈社会的巨大责任。"这不仅使得他获得了心灵上的慰藉，同时也为他带来了良好的声誉，进而吸引到更多人脉资源。

比尔·盖茨总是这样，平淡，毫不张扬，却总不忘记自己身上的社会责任。身边常有人会提醒盖茨说他是美国最富有的人，其实，他只是一个低调的人而已，别无其他。他想把自己作为一个普通人，他也是这样做的。

比尔·盖茨就是这样的一个人，一个懂得分享的人。这真的让人佩服不已。

不懂得分享财富的人只知道固守自己的那点小利益，短时间内看似是一笔可观的收益，但是长久下去，是没有发展前途的。要想成为大人物，做大事业，学会分享财富是必不可少的。

这样虽然财富看上去似乎减少了，可是换回来的情谊与人脉又岂止是这些财富可以比拟的？现在手中的财富只能供给一时的享受而已，而人脉的建立则会带来更多的更丰厚的财富，这就好比是一种投资，而且是一种稳赚不赔的投资。

第五章

拓展人脉圈

一个人从初入社会开始他们的第一份工作，一直到自己的事业开枝散叶、发展壮大，处处离不开人脉资源的协助。很多在社会上摸爬滚打了很多年的“老油条”都奉“人脉就是财富，有义就有利”为金科玉律。他们善于把握和利用各种社会资源，最终达到财源广进、名利双收的目的。

想要事业有成，势必要学会如何处理人际关系、善于利用人脉资源。从一开始亲朋好友的协助，到与合伙人的共同分享、敢于吃亏，直至与顾客的和谐相处，只要能够凭借自己的真诚、聪慧，为自己赢来了好人脉，就一定可以带来好财运。

第一节　家人亲戚常走动

亲戚之间大都有血缘或亲缘关系，这种特定的关系决定了彼此之间联系的亲密性，这是人脉资源中的重要一脉。当人们遇到困难时，大概首先想到的就是找亲戚帮助。俗话说，不是一家人，不进一家门。作为亲戚，对方也大都会很热情地向你伸出救援之手。

在商界，就有一种形态叫做家族企业，家族企业占据着很大的市场空间。家族企业中的人员，有些是夫妻，有些是兄弟，有些是姐妹，也有些是亲戚同乡合伙。在大多数人的思想意识里，家庭是最古老、最深刻的情感源头，家人是他们为自己的事业拼搏时最可信任的人。

家族式企业最主要的特点是家庭成员不仅具有利益关系，更具有血缘关系，强烈的责任感和凝聚力，能够使他们迸发出无限的能量。家人之间紧紧拧在一起，力往一处用，劲往一处使，齐心协力，没有不成功的。

所以如果面对“谁是事业上最好的搭档？”这个问题，最佳的答案之一就是“家人”。由此可见，家人也是一个人在事业上需要经营的“人脉”的一部分。

一、家人是没有人脉资源时的最佳资源

很多初出茅庐、手中并没有掌握很多社会人脉资源的人，在迈向社会之初都遭受过太多的艰辛。他们没有足够的资金、没有足够的技能，也没有太多的朋友可以求助，所以他们就只能求助于自己的家人。

尤其是对于那些对自己的事业充满雄心的人来说，他们中的很多人都是以家庭办公室的形式开始自己的奋斗生涯。

对于很多人来说，如果没有家人在进入社会之初的鼎力相助，就没有他们日后功成名就、事业有成的辉煌。

创业于20世纪80年代的挺宇集团是一个典型的家庭企业。挺宇创业之初，集团内的所有重要的职位都由挺宇家族占据着。挺宇家族成员凭借着对家庭的责任感和创业成功的信念，造就了今天的挺宇。

从创业之初开始，在挺宇集团，父亲潘挺宇是董事长，母亲徐文清是办公室主任，大女儿潘佩聪是总经理，儿子潘叶雷是副总经理同时兼管技术，二女儿潘佩芳是财务经理，二女婿林肖是销售经理，大姨徐小清是办公室总务，外甥邵靖海是采购主管。

当年，挺宇刚开始成立，就成为最早一批摘掉红帽子的企业，企业确定为私营性质。潘挺宇一直担心，生怕哪天成为改革的牺牲者。他的担心不是没有道理的。1989年下半年，报纸相继出现"私营企业是社会主义经济绊脚石"的论调，挺宇一度陷入被动的局面。

面对着极为不利的局面，很多人都认为企业没有希望了，纷纷自谋出路，挺宇面临着停产的危险。关键时刻，潘家人展现出了惊人的凝聚力，他们心往一处想，劲往一处使，努力经营企业。工人们被他们的决心感动了，陆陆续续地回来上班，没有让挺宇出现停工的现象。

最终，挺宇挺过了那段艰苦的岁月，从最初的2000元起家，做到了现在几亿元的规模。

从挺宇集团的例子中我们可以看到，在企业创立早期，家人的相助在企业发展过程中起到了不可估量的推动作用，家人就是潘挺宇最有效的人脉资源。由于家人之间互相的亲密度、对自家企业的责任感，使得家人在遇到困境时，全都能够心往一处想，劲往一处使，这样最终才能迎来你事业发展的春天。

二、至少家人不会抛弃你

无论你贫穷或是富有，无论你得势或是落魄，家人总会一直站在你的身旁，倾尽所有来帮助你。很多功成名就的人，回忆起自己当年为事业奋斗的点点滴滴，在这条汗水与泪水交织而成的艰辛道路上，都能体会到这一点——家人是他们最好的伙伴、最大的恩人、最有实际效益的人脉资源。

巴黎飞天公司总经理张远亮在成功之后，总是念念不忘家人在自己创业之路上的协助。

张远亮初创业时租的就是那种最便宜的顶层小阁楼，30平方米，一台机器每天转，再加一张桌子，晚上用来睡觉，白天用来做工。而他所有的工人都是回乡找的亲戚朋友，这些亲戚朋友本来可以在家过得安稳而舒适，却还是来到远离家乡的巴黎帮助张远亮创业。

他们有的拿出自己的钱说是入股，给张远亮用作启动资金；有的就携家带口，一家人来帮助他。其实当时的张远亮过得极其落魄，但是亲友们还是义无反顾地帮助了他。

张远亮后来回忆说，当时很多过来帮自己忙的那些亲戚几乎都是这样：不断从家乡找来兄弟姐妹一起做，所以很多人出来的时候孑然一身，回乡探亲时已经是妻儿亲戚十几口人。

可以说，如果当时没有家人的相助，就没有今天的张远亮。

很多时候，家人不管你在事业上是多么失败、多么看不到希望，他们总是倾

尽全力，有钱出钱，有力出力，倾囊相助。

1990年，正泰集团的董事长南存辉从“求精”电器厂出来准备再次创业的时候，面临的第一个问题就是资金。

怎样才能获得创业所需要的资金呢？

也许有人会说，向银行贷款呗！但是，对于白手起家的人来说，要向银行贷款是很不容易的。而且，银行的高额利息也会成为企业不小的负担。

于是，南存辉想到了寻找合伙人，而最好的合伙人就是家族成员。于是，南存辉的弟弟南存飞、外甥朱信敏、妹夫吴炳池及林黎明等亲戚好友都相继加盟，成为了正泰的股东。

他们拿出了南存辉当时迫切需要的资金，正是靠着他们的资金协助，南存辉才得以再次创业成功，今天的正泰才会如此辉煌。

对于很多初入社会的人来说，一开始物质基础严重匮乏对于很多人来说都是很难逾越的一道障碍，然而如果能够得到家人、亲戚的帮助，自然会带来很多便利。就好比创业之初需要资金，管家人借钱或是拉亲戚入股总是比向银行贷款要强得多，不仅会避免掉很多不必要的麻烦，有些时候甚至还能节省一大笔的利息。

如今赫赫有名的乐清科源稳压器厂也是一个典型的家族企业，厂长周熙文在创业途中就获得了家人的大力支持和帮助。

1993年，一个偶然的机会，乐清人周熙文从市场上了解到一种叫做稳压器的产品很畅销。由于当时各地的电网电压较低，居民家里使用空调时往往由于电压过低而不能开机使用，必须借助稳压器才行。

于是，周熙文立即从市场上买来几台稳压器进行解剖，把零件一个一个拆开后仔细研究，然后再根据相关的技术书籍，博采众长，画出更精致的电路图。

在确认产品可以生产后，周熙文回到家中，与几个兄弟商量经商的事情。当时，周熙文的大哥周熙存刚到一家大型私营企业工作，弟弟周杨刚刚大学毕业，妹妹周晓燕也在家待着。于是，兄妹几人一合计，决定以稳压器为龙头产品，创办一个公司。

周熙文的大哥和弟弟都是电子专业的人才，他们为周熙文出谋划策；而周熙文的妹妹周晓燕则是财经专业毕业的，她为周熙文将财务管理得井井有条。

就这样，乐清科源稳压器厂诞生了。兄妹几人各司其职，生产出的样机也很快通过了上海权威部门的检测。

如今，乐清科源稳压器厂已经发展成为浙江三科电器有限公司。

家人很多时候也并不一定只能够提供金钱上面的支持，如果可以将家人所拥有的技能物尽其用，也未尝不是一种行之有效的节约成本的途径。这对于人脉资源还不够丰富的人来说是非常重要的。

但是我们也应该要注意一点——在求助过程中，为了经济利益问题而得罪人，在亲戚之间也是屡见不鲜的。比如亲戚之间的借钱借物等财物往来是常有的事。有时是为了救急，有时是为帮助，有的就是赠送，情况不同，但都体现了亲戚之间的特殊关系，把这种财物往来当成表达自己心意和特殊感情的方式。

一方面，作为受益的一方在道义上对亲戚的慷慨行为给以由衷的感谢和赞扬是必要的。如果他们把这种支持和帮助看得理所应该，不作一点表示的话，对方就会感到不满意，从而影响彼此的关系。

另一方面，对于属于需要归还的钱物，同样是不能含糊的。这是因为亲戚之间也有各自的利益，一般情况下应把感情与财物分清楚，不能混为一谈。只要不是对方明言赠送的，所借的钱物就要按时归还。有的人不注意这个问题，他们以为亲戚的钱物用了就用了，对方是不会计较的。如果等到亲戚提出来时，那就不好看了。

对于来自亲戚的帮助要注意给以回报，这既是加深友谊的需要，也是报答对方帮助的必要表示。如此一来一往，人脉关系网自然也就建立起来了。可是如果忽视了这种回报，就算是亲戚、家人，也同样会得罪人，到那时候一旦人脉网断裂，处理起来就更加棘手了。

总之，亲戚之间的钱物往来，既可以成为密切感情的因素，也可能成为造成矛盾的祸根，就看你如何处理了。处理好了，人脉资源就会更加牢固，处理不好，亲戚、家人这一块的人脉圈自然也就岌岌可危了。

三、家人若都不懂你，那还有谁会懂呢?

家人是每一个人心中永远的牵挂，家人永远是最理解你的人。很多在社会上摸爬滚打多年的人从事业的起步阶段一直到日后的功成名就，在这一路上，都得到了家人深深的理解和协助。有的时候，甚至不用你说一句话，家人也知道你此时在想什么，他们会主动尽其所能帮助你，为你的成功做好铺垫。

以5万块勇闯成都成就创业传奇的女老板祁雅香在成功之后，每每谈起自己的家人总是泪水涟涟。如果没有当初家人的理解和支持，就没有今天大名鼎鼎的祁雅香。“家人是最理解我的人。”祁雅香总是这样说。

早在1991年，祁雅香就和丈夫一起从浙江的老家到成都创业。夫妻俩同时还带着3岁的儿子，靠着5万元起家，从最初的纽扣、皮具批发生意做起，到儿童用品的批发代理，祁雅香的生意越做越大。

1991年，人民商场盖好新楼重新开张。代表当时成都先锋的人民商场，从过去的专柜形式开辟出自选厅模式。但她走进儿童服装区一看，产品种类很少，为数不多的童装，也几乎全是从外地运来的。而且从款式、花色、布料大都千篇一律，这让祁雅香看到了其中的商机。

“年轻的妈妈都希望自己的孩子穿得漂漂亮亮的，宁愿为孩子花钱。”而当时在成都并没有太多选择——这就是商机。

为了抓住这次难得的商机，祁雅香和丈夫开始四处筹钱。然而，筹集资金的道路却是无比艰辛的，身处异乡的祁雅香没有多少朋友，更别谈找生意伙伴筹资了。

万般无奈的祁雅香决定回老家找家人借钱。但是，回家后的祁雅香却迟迟不肯开口借钱，她知道自己的家人手头也不宽裕，并且自己在外闯荡这些年，最终还是要回家借钱，面子上她也过不去。

但是，家人永远是最理解她的人。不知家人们是怎么看出来了，反正哥哥姐姐们每人拿出了一笔钱，甚至年迈的父母也将自己压箱底的钱拿出来了。就这样，准备了五十万元储备资金后，祁雅香开始联系全国各地著名的儿童用具生产商，希望可以获得品牌代理资格。

但困难接踵而来。听了她的提货计划，有些厂商的头摇得很坚决。潜台词是，你的实力不够强，能力还不够大。祁雅香解决的办法是，把赚的钱都放在货品上——赚1元钱，只花2角，剩余的8角钱都用来扩大货源。

因为有了家人的理解，祁雅香感到浑身充满了力量，无论遇见什么困难，她都力争想办法解决，她的心里有一个信念：一定要赢得成功，报答家人。

快速分析出市场需求后，她马上就开始和厂家谈判，“没有犹豫的机会，心动不如行动，你不够快，就会被淘汰。”祁雅香于是决定在速度上取胜，力求一周内要把货运到成都，两周内要上柜。而在这期间，又要赶在周六之前将货摆上柜台，因为周六逛街的人最多。

渐渐地，从人民商场，到轻工大厦，祁雅香的生意扩展到了七八个专柜。

如今，祁雅香的品牌女装生意越做越大。到1997年，她已掌握了8个国内外知名女装品牌的代理。而这些品牌，已逐渐进入成都王府井、仁和春天等大商场。

正是由于家人的理解，所以在祁雅香还没开口的时候家人就已经明白了她的难处。也正是由于家人的理解，祁雅香可以以超人的力量去克服所有的困难。

家人的理解不仅仅可以提供物质上的支持，更多时候，这是一种心灵上的慰藉、精神上的动力。这是其他的人脉资源所难以企及的。面对家人的理解和支持，自然也就有了力争上游的干劲儿，这也就为事业上的冲刺提供了强有力的精神支柱。

四、维护好亲戚这棵最后的救命稻草

亲戚关系是一种比较复杂的关系，主要表现在亲戚之间存在着多种差异，比如经济的、地位的、地域的、性格的差异等。这些差异既可能成为彼此交往的理由，也可能成为产生矛盾的原因。

因为，亲戚关系和其他关系一样，在交往中也存在一定的规律，如果遵循这些规律办事，彼此的关系就会越来越亲密，反之，违背了这些规律，亲戚之间也是会互相得罪的。因此，在处理亲戚关系时要着重注意以下两点。

首先，不要居高临下或强人所难。

亲戚之间虽有辈分的不同，但是，也应当相互尊重，平等对待。特别是在彼此之间有地位、职务的差别的情况下，更应如此。

常言说："穷在闹市无人问，富在深山有远亲"。这就是说，就亲戚而言，财大的、地位高的人对于比不上他们的亲戚是很有吸引力的。地位低的人总是希望从地位高的一方那里得到一些帮助，同时在他们提出自己的请求时，又怀有极强的自尊心。

在这种情况下，如果地位高的一方对来求助的亲戚表示出不欢迎的态度，那就很容易伤害对方的自尊。

一般说来，地位低的人对于被小看是很敏感的，只要对方露出哪怕一点冷淡的表示都会计较、不满，造成不良的结局。

还有另一种情况，就是有些人求亲戚办事，特别是办一些有违原则的事，人家没办就心怀不满，说人家不讲情谊之类的话，这也是很使人伤心的。

在有地位差异的亲戚之间，最常见的矛盾是在求与被求之间，是在不能满足对方要求的情况下发生的，因此，如遇这些问题，一方应注意尽量地满足对方的需求，另一方则应考虑对方的难处，尽量不要给人家出难题，即使因客观原因不能满足自己的需求，也应给以谅解，不能过多地计较。

其次，不要一厢情愿，为所欲为。

亲戚之间由于彼此关系有远近之分，也有密切程度上的差别，因此，在相处中要注意把握适当的分寸。

"亲戚越走越亲"，是一般原则。但是，看你如何走，这里面也是有一定技巧的。

过去走亲戚可以在亲戚家住上一年半载，现在就有很多的不便。大家都有工作，都有自己的生活习惯，住的时间过长，很多矛盾就会暴露出来。

还有的人到亲戚家做客不是客随主便，而是任自己的性子来，这就给主人带来很多的麻烦，也容易造成矛盾。

比如，有的人有睡懒觉的习惯，每天要睡到太阳升起来才起床，他们到亲戚家也不改自己的毛病。主人要照顾他，又要上班，时间长了就会影响主人的工作和生活的正常秩序，进而影响彼此的关系。

还有的人不讲卫生，到了亲戚家里，烟头到处扔。如果时间不长，人家还可能忍耐克制，要是日子长了，矛盾就会暴露出来。

因此，在亲戚交往中也有一个优化自己的行为方式的问题，如果方式不当同样会得罪人。

第二节　聚会，让你的人脉滚雪球

静下心来，仔细数一下，在你的工作和生活中，究竟结识了多少人呢？假设每一个可以联系到的熟人是一根蜘蛛丝，那么你就可以结出来第一层网。如果再加上你朋友的朋友，那么这就可以结出来第二层、第三层的网。你的朋友也有自己的网，这些网和你自己的网交织在一起就形成了一张密不透风、无所不及的超级大网，也就是你的人脉网。

但是并不是所有的“蜘蛛”都善于结网，所以也就不难理解为什么有的人能够春风得意，有的人则是举步维艰了。不会结网的蜘蛛侠算不上蜘蛛侠，不会经营人脉的人算不上成功人士。

经营人脉可是门大学问，并不是喊几句口号、发几次誓就可以实现的，经营人脉，要有比较高的思想道德品质、心理素质、知识素质、能力素质甚至身体素质以及良好的沟通能力。

一、什么都别说了，先走出门去吧

或许有些人不知道蜘蛛是怎么结网的，正如他们不晓得自己的人脉关系网应该如何建立一样。很多人都会采用听天由命的方式，但是聪明的人怎么会选取这么笨拙的方法呢？

建立人脉关系网，首先要确立自己明确的目标，并力争通过自己的人脉把自己和这个目标联系起来。即使最后没有成功，但是在联系的过程中，你会发现，你找到了其他可靠的连接点，你的人脉关系网因为你的努力变得更加完善和结实，而这足以补偿你为此付出的辛劳。

新建立的人脉关系网还需要不断地维护，所以，你需要走出门去，经常和你新结识的朋友们进行沟通交流，这并不是浪费时间，高质量的沟通交流会使你将来节省很多时间。

每次参与社交活动前，都要有明确的目的：这次活动打算结识哪些人，这些人有什么兴趣爱好，怎样让他们产生倾诉的欲望，等等。即使你初次到了一个完全陌生的场合，也不必感到恐惧和害羞，大胆地和你见到的每一个人交流，不仅可以使你很快忘记你是一个陌生人，而且可以有效地锻炼你的社交能力，展示你的良好形象。

吴佩霞是个很热情的人，有一次她去参加一个同学聚会，一位同学无意间向她提起，某商场正在准备设立一个饰品柜台，具体工作由他负责。说者无心，听者有意，吴佩霞偷偷到商场看了一下，预计设立柜台的地方在商场的位置极佳，可谓寸土寸金。

于是吴佩霞立即找到自己的同学，告诉他自己想承租。可是她的同学不放心，因为在此之前吴佩霞从来没有做过饰品行业，更没有雄厚的家底。于是，吴佩霞悄悄告诉朋友，其实自己是一个饰品厂家的代理人，铺货是免费的。

于是同学勉强同意让吴佩霞试试，吴佩霞立即联系了自己精通饰品生意的好朋友，说自己已经找到了一个很不错的商场，销售绝对没有问题，只要免费铺货，她保证大家都有钱赚。

朋友对吴佩霞非常信赖，不但答应给她免费铺货，还给她推荐了几个很有经验的营业员。这样，大家就联系在一条利益链上了。

柜台开张，果然是大家发财，吴佩霞这个饰品生手也成了一个响当当的小老板。

不管是高管、高官，还是无名小卒，每个人都有倾诉的欲望，同时，每个人手中都掌握着对自己价值不大但对别人价值也许很大的信息，大家叠加起来，这里应该算是个海量的信息资源库。

所以想要建立属于自己的人脉关系网，就要大胆地走出去，多与人交流，把你知道的信息和你的朋友共享交流，使每个信息都能找到需要它的人，而不是烂在自己肚子里或者眼看着它白白过期作废。这其实是一件功德无量的好事，在共享的过程中，你可以收获友情、收货人脉、收获情报、收获财富。

二、聚会时刻机会多

朋友间、同事间甚至陌生人之间的聚会，是拓展人脉空间、提升自己人脉竞争力的绝佳时机，但有的人参加完聚会后，却完全没有任何收获，这无疑相当于是浪费了一次绝佳的推销自己的机会。

当一个彬彬有礼、谈吐不俗的人主动找到你交谈时，你会有一种亲切感，这种亲切感很容易就拉近了你和对方的距离，当你为找到或结识一个可信任的朋友暗自庆幸时，站在你对面的人也在暗自庆幸——通过你，他又拓展了自己的人脉，使自己的人脉竞争力得到了进一步的提高。

所以，千万不要轻易拒绝以联络感情、增进友谊为目的的聚会，聚会实际上是聚集人气、拓展人脉的重要舞台，以联络感情、增进友谊为目的的聚会很有参加的必要。如果没有特殊的原因，不要随意拒绝参加这样的聚会，因为拒绝不仅会让你失去拓展人脉的机会，更容易给那些你曾经相识的朋友带来误解，觉得你并不在意这份友情。

所以，即使真的有事不能参加，也要跟组织者打个电话说明一下情况，并请组织者向大家道歉，这样，你的形象才不会因为拒绝而受损。

参加聚会要有明确的目的，这个目的就是要给与会的朋友留下一个美好的、深刻的印象。倘若带着功利的目的去参加聚会，处处不忘自己的意图，时

时惦记着抓住“商机”，会让朋友觉得你参加聚会的目的不纯，所以，不要追求急功近利。

万洪涛是一个保险业务员，在中国，保险非常不好推销，有些业务员为了做成一笔保险，常常要跟客户三番五次地谈，谈得客户不胜其烦。平时和朋友们聚会，更是句句不离本行，那架势，恨不得在聚会结束之前就能签成几笔合同，最终的结果却不太乐观，一般朋友甚至会疏远他，见了他避之不及。

然而，万洪涛每次聚会都收获颇丰，但是他的保险合同却不是在聚会上签订的，而是在聚会后的一段时间内，那些参加聚会的朋友主动打电话请他办理的。后来就有朋友问他有什么秘诀，他微微一笑说：要说秘诀，只有一句话，那就是“不谈保险”。

“不谈保险，你的朋友怎么会来找你办保险？”朋友奇怪地问他。

万洪涛告诉他的朋友们，每次参加聚会，除了介绍自己的职业是保险业务员之外，他把更多的时间放在了和参加聚会的人的交流上。一次聚会的时间有限，要巩固和老朋友的感情，还要结识新的朋友，就必须抛开保险，和各个阶层的人谈他们感兴趣的话题，说话的时候，要多站在对方的立场上考虑问题，让对方产生倾诉的欲望。

然后等聚会结束以后，无论工作多忙，万洪涛都会抽出时间来给那些朋友打个电话，问一问他们最近的生活工作状态，遇到的问题是不是解决了等，让朋友们知道自己惦记他们的同时，也进一步加深了自己在朋友脑海里的印象。

“我要让我的每一个朋友都认识到——虽然我靠推销保险生活，但是在我眼里，朋友远远比保险重要！”万洪涛不无自豪地说，“这样一来，朋友们觉得我可以信赖，所以当他们遇到保险方面的问题的时候，自然而然就会想起我来，我的业务量自然也就上去了。”

万洪涛在说这些话的时候，不紧不慢，一脸的坦诚，可以想象得出，当他在聚会上一这副态度和朋友交流时，他的真诚足以让人打开紧闭着的心灵之窗。

给朋友留下美好而深刻的印象，靠的是你的自信和良好的沟通交流能力，而不是孤芳自赏和放浪形骸。在聚会上让人知道你的名字并不难，但要让人记住你的名字并不容易，在朋友面前，你优雅的风度、幽默的谈吐和真心的倾听，都会拉近朋友与你之间的距离。

不要只顾着表现自己，要帮朋友创造表现的机会，不要一味诉说自己的成功与失落，更要倾听朋友对你的倾诉。

有的人在参加聚会时一直静静地待着，微笑着看着众人在眼前来来往往；或者呼朋引伴，高声唱和，全然一副我的地盘我做主的姿态；再不然就是或者老谋深算，或者浅薄轻狂，难以沟通交流，更不要提产生心灵的共鸣了。

这样的态度只会让人觉得你很清高，让人感觉跟你攀谈会很容易遭到你的冷遇，索性就干脆对你敬而远之。而且这种态度还会让人觉得你很自负，甚至有些飞扬跋扈，似乎跟你交流会很容易遭到你的轻视，一旦让别人产生了这种印象，再想要挽救就非常困难了。

所以，一定要尽量做到热情而不张扬、含蓄而不自闭、真诚而不唐突，自信达观，这样给人的感觉就像一汪深深的但清澈见底的湖水。

最后等聚会结束以后，不要等到下一次聚会时才想起这些朋友，要经常与朋友们联系。不要等到有求于人的时候才四处翻找朋友的电话，不要等到每一次打电话都得先介绍自己是谁的地步才知道朋友的可贵。人是感情动物，在一次又一次不经意的交谈中，这种感情会慢慢得到升华。

三、派对是你的人脉制造机

一个人在社会上生存，要想得到更多的朋友，获得更多的人际资源和帮助，一定要有一个或者几个属于自己的圈子。圈子，最重要特点是圈里的成员都有相近的爱好和共同感兴趣的话题，而且说话自由，交流方便。因此，圈子里的人很容易找到自己的志同道合的朋友，听到自己关心的各种信息，从而得到很多意想不到的收获。

法国文豪福楼拜住在六层楼的一个单身宿舍里，屋子很简陋，墙上空空的，家具也很少。他的办公桌上总是散乱地铺着写满密密麻麻的字的稿纸。

每到星期天，从中午一点到七点，他家一直都有客人来。这里面有俄国小说家屠格涅夫、法国作家都德、左拉等，他们挤满了小客厅。新来的人只好到餐厅里去。这时只见福楼拜做着大幅度的动作，从这个人面前一步跨到那个人面前，带动得他的衣裤鼓起来，像一条渔船上的风帆。他时而激情满怀，时而义愤填膺；有时热烈激动，有时雄辩过人。

他激动起来未免逗人发笑，但激动后和蔼可亲的样子又使人心情愉快；尤其是他那惊人的记忆力和超人的博学多识往往使人惊叹不已。他可以用一句很明了、很深刻的话结束一场辩论。他的思想能一下子发散开来，在几个世纪的文学典籍中徜徉，并从中找出两个类同的事实或两段类似的格言，再加以比较。

于是，就像两块同样的石块碰到一起一样，一束启蒙的火花从他的话语里迸发出来。最后，他的朋友们一个个地陆续走了。他分别送到前厅，最后再单独和每个人讲一小会儿，紧紧握握对方的手，再热情地大笑着用手拍打几下对方的肩头。

通过派对，每个人都得到了新的启迪、新的灵感，为自己下一步的创作找到了源泉。甚至从这个规模不大的派对里，还走出了后来与契诃夫和欧·亨利并称为世界三大短篇小说巨匠的莫泊桑。这个派对不仅帮助这些文豪们获得了启发，同时也为他们制造了认识彼此的机会，这既有利于他们人脉网的建立，也方便之后他们互相切磋、迸发艺术的火花。

喜爱文学艺术的人都知道一句话，叫做“功夫在诗外”，这句话的本意是指学习做诗，不能单纯地就诗学诗，而应把功夫下在掌握渊博的知识，参加社会实践上。对于希望建立起强大人脉的人来说，这句话同样重要。

在单位工作，见到的都是同事和客户，大家谈论的基本都是同一个话题，这就是我们所说的“诗”，但要把这首“诗”写好，就不能光凭着工作上的付出，还要通过业余时间的人际交往获取写好“诗”的经验方法。

对于想加入一个圈子，但又不知道如何加入的人来说，派对就是一个很好的场合。一方面，它把一些和你有共同语言的人聚集在一起，大家以彼此间的友谊为出发点，以互通信息寻找机遇为突破口，以双方共赢为最终目的，在提高个人素养的同时，助推了个人事业向前发展。

近些年来，派对这种形式越来越受到中国人的欢迎。以前我们只能在欧美电影中看到西方人对于参加各种派对乐此不疲，现在中国人也开始享受起来这种“洋玩意儿”了。

这几年人们定义了一个新的节日——每年的11月11日都被称为了光棍节。于是身价千万的钻石王老五刘文桥就邀请了一帮各行各业的单身老板，办了一个光棍节派对。这些老板每个人手中掌握着巨大的财富，所以在单身汉前面，冠以“黄金”二字当之无愧。

刘文桥办这个光棍节派对就是希望这群“黄金单身汉企业家”们能够彼此多交流，多结识一些朋友。另外更重要的是，之前这些黄金单身汉都是来自不同领域的，彼此之间不太熟悉或者不认识，通过经常的互动交流，加深了解，发现新的商机，促进自己事业的进一步发展，这样也会为刘文桥自己带来不少的人脉资源，在生意上能够有更多的合作机会。

有的人就问刘文桥，“既然是一个黄金单身汉们参加的派对，不是应该帮助他们找寻另一半么？怎么会整个派对上都是单身汉而没有女人参加呢？”

“因为这是光棍节派对啊。”刘文桥笑着回答到，“虽说是一群单身汉们参加的派对，参加者也的确个个都算得上是黄金单身汉，但是我相信参加这个派对的单身汉们，相对于寻找令自己钟情的另一半，他们更在意生意上的合作机会。”

所以这个光棍节派对实质上就是给这些手握资金、渴望合作的企业家们找了一个聚会的借口。

要想成为一个成功人士，除了自身的经营素质和财富资本外，还必须拥有一定的社会资本，也就是我们经常说的强大的人脉资源。很难想象一个不懂交际没有人缘的人能成为一个成功人士。因此从这个意义上来看，刘文桥办的这个派对为单身老板扩大其自身的社会资本起到了积极作用。

人们通过各种各样的派对交流感情、互通信息有无，在彼此的交流中寻找事业上新的机会。这和现在流行的EMBA一样，很多人花几十万元参加学习培训，更多的是看中班上同学的身份和社会资源，通过学习的方式来扩大自己的社交圈和提升社交层次。当然了，相比较而言，参加一个派对远比这种方法更节省成本。

因此，想要扩大自己的视野、增强自己的人脉，就要想方设法与跟自己所从事职业密切的人们一起参加派对。也许我们现在还只能够通过派对认识很少的朋友，但我们可以在派对中通过和他人的交流，提高我们的整体素质。这样做不久会越来越得心应手，人是越来越多的朋友，从而为自己将来的成功打下坚实的人脉基础。

第三节　谁说跟顾客不能做朋友？

曾经，“顾客是上帝”的口号被大家广为传播。把顾客当做上帝，就能赢得顾客的好感，从而迎来更多的顾客购买自己的产品，获取更多的利润。如今，很多的人已经不再仅仅是把顾客当做上帝，而是把顾客作为自己的朋友一般对待。把顾客变成朋友，再通过这个朋友认识更多的朋友，然后把他们都变成自己的顾客。

这种把顾客像朋友一样对待的做法是非常正确的。顾客是我们的衣食父母，但并不就是要把顾客供奉在那里，与我们产生距离，而是把顾客当做朋友，让他们产生宾至如归的感觉，让他们如沐春风，只有这样，才能真正获得这个长久的顾客，因为他已经是你的朋友了，成为了你的人脉资源之一了。

一、从“顾客是上帝”做起

很多人在做生意的时候，总是替顾客着想，先给顾客提供商品或者先替顾客干活，然后才收款。他们首先把顾客当做上帝，顾客是需要服务的人，所以要以礼相待。

这种方式相对于一手交钱一手交货的方式更受顾客的欢迎。因为，顾客可以用更少的钱来做更多的生意，每一宗生意都能够挣到钱，这样，挣得钱自然也就多了。

回过头来，因为顾客更喜欢这种方式，以后自然还会光临，而且，顾客还会为他们介绍其他的顾客。这样，生意自然也就会蒸蒸日上、好得不得了。

松下幸之助曾经说过：“我们所做的一切，都必须为消费者考虑，站在消费者的立场来论事决策。”生意要一笔一笔地做，面对面地做，推心置腹地做。顾客不是你的冤家对头，而是你的衣食父母。

现在的人越来越意识到这一点，在他们眼里，顾客就是上帝。因此，他们努力地开拓消费群，对顾客以礼相待，以试图将顾客拉入自己的人脉圈中。

1991年，现在的浙江恒丰泰减速机制造有限公司董事长兼总经理叶胜康在温州市鹿城路租了一间小屋子，开始了创业历程。当时，他的第一笔订单只有几十元。为了接到更多订单，叶胜康总是主动去拜访潜在客户，礼貌地对待顾客，征求顾客意见，希望能够获得更多的订单。

通常，他每天晚上都会乘夜车从一个城市到另一个城市，白天的时间，叶胜康就用来收集客户信息、拜访当地相关企业，经常忙得顾不上吃饭。

叶胜康对自己的要求是，全面解答客户提出的问题，如果遇到自己不懂的问题，一定要通过学习或者向专家请教来解决。

一年后，叶胜康的付出终于有了回报。许多他曾经拜访过的客户开始主动打电话来洽谈。还有一位广西大企业的客户竟然直接跑到温州来考察，并当场下了订单。

叶胜康说，这位客商是在看了他的“棚屋型”厂房后仍要求订货的，说明他的产品质量确实过硬，这让他备受鼓舞，也坚定了他狠抓产品质量和技术的决心。

这位客户回去后，帮叶胜康介绍了许多其他的客户，从此，叶胜康的产品迅速打开了局面。目前，“恒丰泰”的年产值已达亿元。

第一，顾客是上帝，是市场经济发展到一定阶段的必然结果，即买方市场经济。何谓买方市场？在商品充裕，款式多样，服务齐全，商家之间竞争激烈而尚未被垄断之前的市场，才是真正的买方市场。

第二，顾客是上帝，是因为顾客是商品和服务的消费者，是商家创造最大的效益的最根本来源。没有顾客，或消费者，商家就不能赢得市场份额，就没有营业额。最终，商家就不能获利，更谈不上创造最大的效益。一句话，谁能抓住顾客，谁能得到效益；谁能赢得最多的顾客，谁就是市场的王者。微软就是一例最好的证明。

第三，顾客是上帝，就是说，作为商家，首先要尊重顾客的人格。一家攀富笑贫、凭衣看人、看脸行事的商场，是不会受到广大顾客的青睐的。顾客是上帝，就是要求商家必须做到，不论男女老幼，官民贫富，一视同仁，平等相待，不欺不蒙。

第四，顾客是上帝，就是说，商家必须遵守国家有关法律、法令和管理条例，为顾客提供货真价实的商品或服务。赢利是商家的本质和本性。但是，这不能以牺牲顾客作为消费者的利益和权力为前提。那种见利忘义、见利枉法者，永远不能成为比尔·盖茨。

第五，顾客是上帝，就是在个别顾客百般挑剔，无理取闹，死搅蛮缠时，商家也要心平气和地按照法律和道义上的要求行事，而不能靠武力和权势欺压顾客。一旦哪位商家真正做到了顾客是上帝，那位商家就会成为顾客的宠儿，自然也就会成为这场没有硝烟的战争中的赢家。

因在巴西收购1000平方公里的原始森林而被业界誉为“森林之王”，并先后六次受到巴西总统亲切接见的安信地板有限公司董事长卢伟光，在谈起自己的创业经历时，总也忘不掉关于那支越烧越短的中华香烟的故事。

正因为那一支中华香烟，正因为卢伟光对顾客以礼相待，把顾客当做上帝，才使得他赚得了人生的一桶金。

1994年4月8日，卢伟光在温州开了一家“安信”实木地板商店。

新店开张的第一天，尽管前来观看的客人挺多的，但真正要买的人却很少。当时，有一位小伙子，在店里转悠了半天。然后问卢伟光，地板有什么优点。卢伟光随口答道：“耐磨不怕烫。”小伙子一听，就问卢伟光：“我正装修房子，你拿块板让我烫两分钟，如果不坏，我就买。”

卢伟光一听，心里咯噔了一下，这位顾客说不定是来找茬的，或许烫了他也不买，这可是实木地板，别说进价本来就贵，而且进货时自己也没烫过，到底行不行卢伟光自己心里也没底。

犹豫了一会，卢伟光还是决定对顾客以礼相待，让客人亲自试试。于是，他就硬着头皮递上一块地板，说："烫吧！"

小伙子点了一支中华香烟，当真在地板上烫起来。看着香烟一点点地变短，卢伟光的心里也像点燃了一支香烟，急得直冒烟。两分钟后，地板安然无恙！卢伟光心里松了一口气。

谈起这件事情，卢伟光还是心有余悸。他说："特别干的地板，会吸收水分，特别潮的地板，会释放水分。如果选用不当，地板就禁不住水浸火烫，这是木头的性格。"

自己当时真不确定那位顾客是否是故意的，如果他烫坏了地板，又不买，那可就麻烦大了。但是卢伟光还是选择把顾客当做上帝，满足顾客要求。

这次生意，卢伟光净赚了近1000元。"当时卖给他18平方米，单价好像是270元，毛利润25%。"卢伟光的第一次生意就建立了口碑。

2005年，"安信"销售地板300万平方米，已经位居全球第五、全国第一。

1962年3月15日，美国总统肯尼迪在《关于保护消费者利益的总统特别国情咨文》中，率先提出消费者享有的4项基本权利，在此基础上提出"顾客就是上帝"。自此以后，这句话就被广泛的运用在商贸业、服务业等各个领域。

"世界上最伟大的销售员"乔·吉拉德在销售过程中总结出了著名的"250定律"。乔·吉拉德认为，在每位顾客的背后，都站着250个人，这些人都是他的顾客。

如果一位推销员得罪了一位顾客，那就可能有250位潜在的顾客不愿意与他打交道。因此，在销售过程中不能得罪任何一个顾客，得罪一个顾客就等于得罪了250个顾客。反过来讲，如果你赢得了一个顾客的口碑，就等于赢得了250个顾客。

把顾客当做上帝，对顾客以礼相待，人脉资源才会越来愈丰富，生意才会越做越大，财富才会越滚越大。

二、用你的真心为上帝服务

很多成功的商人都有这样一种想法——我们确实要挣顾客的钱，但是我们要把顾客当做朋友，真心实意地为他们着想。要想方设法让顾客开开心心地掏钱，让顾客一次又一次地来惠顾我们的生意。

汽车大王亨利·福特说：“要把为顾客服务的思想置于追求利润之上。利润不是目的，只不过是为顾客服务的结果而已。”一心一意为顾客服务，把顾客当做朋友，财富自然会降临。

北京市朝阳区有一家服装店的店主李艳林专门开了一个QQ群，名字叫“时裳倩影”，方便顾客咨询新款服装。“想知道店里有没有新到的鞋子和服装，在QQ群里留个言就可以了。”店主李艳林说。

无独有偶，同一个城市、同一个地区的一家书店的老板王福生也创建了一个名为“书香氤氲”的QQ群，用于和常来买书的顾客交流。他说，建QQ群可以让消费者及时了解店里有哪些新货上柜，避免顾客空跑一趟。同时，店里也可以及时了解顾客的意见和建议。

尽管维护和管理商业性的QQ群需耗费一定时间，但是这样可提高“客流量”，促进店主与顾客间的情感交流，一来二往，大家在网上聊得多了，就成为了朋友，因为你真心实意地为他们着想，他们也就会成为你的回头客。

只有真心实意地为顾客着想，将顾客当做朋友，为顾客提供最好的产品和最优质的服务，这样顾客才愿意购买你的产品和服务。正如上海凯泉实业集团总裁林凯文所说：“我认为做企业最根本的问题，就是如何为更多的客户提供性价比更优的产品，给客户创造价值，这是做企业的一个核心。”

1997年，20岁的马之力只带了1000多元钱到南京去创业。当时，他先卖鞋子和服装，后来又做起了五金生意。

与别人不一样的是，马之力在做五金生意的时候，不是先想着挣钱，而是先做市场，先交朋友。

当时，依靠浙江老家的货源优势，马之力从浙江老家的五金电料生产基地的许多亲戚朋友那里赊货出来做批发。进来的货，他总是低于进价卖。进价8毛的灯泡，他只卖6毛。这样，许多客户都跑到他这里来买东西。并且马之力绝对保证产品质量，在客户来购买时，马之力总是精心为客户挑选到让他们满意的产品。

结果，一年下来，马之力赔了两三万元，但是他的客户却增长很快。因为，客户喜欢马之力这种实在的做生意方式，喜欢与他交朋友。

后来，马之力调整了策略，把价格提了上去。因为他先前的付出和信誉，客户对此都比较容易接受。

一位在上海开店的生意人说："上海人第一次购买东西，都要先跑数家商店，用小本记好每家商店同类产品的最低价格，比较后再购买东西。所以我见到上海人第一次来店购物时，总是把价格报得低低的。如此，以后的生意就会主动找上门。

"然后，我再在上海人每次来的时候，主动赠送他们一些小赠品，一来二去，大家就成了朋友。因为我真心实意地为他们着想了，他们自然也会把我当做朋友，常来光顾我了。如此，我虽然每次赚得不多，但薄利多销，也是一样的。"

这位老板的做法是非常聪明的，上海人很关注产品的价格，若是每次报价都很低，那么上海人就会认为你这个老板是个实诚人，真心实意地为他着想，把他当做朋友，他自然会光顾你了。

正如希尔顿酒店的创始人希尔顿先生说过："其实，买一双皮鞋，和买几百万元的东西，在客人心理上是没有什么差别的。而且不分地区和种族，卖与买者的心理也完全相同。买的人想尽可能地买到便宜货，卖的人则想尽办法要赚钱。做生意的唯一技巧，就是如何赚了钱，又能使人感到满意。"

怎样做到既赚了钱，又能使顾客感到满意是非常不容易的。其实，让顾客感到满意有时又是很容易的，只要你将顾客当做你的朋友，真心实意地为他着想，将心比心，他自然会满意，你也自然拓宽了自己的人脉圈、获得了更多的利益。

三、"上帝"也要有朋友

做生意不是一朝一夕的事情，如何能与顾客将生意长长久久地做下去，让生意细水长流是很难的。很多有远见的人与别人做生意的时候总是先做朋友，成为了朋友，就建立了一段稳定的人脉关系网、成为了彼此的终生客户，生意也就会细水长流，长长久久地进行下去了。

在山东烟台有一家名叫"特色酸辣粉"的小店，是一对夫妻共同经营的。店面不算大，但每天都是顾客盈门，小店每个月的收入四万多元，这让不少开着豪华酒楼的人都羡慕不已，一个如此普通的卖酸辣粉的小店，生意为何这样火呢？

这就得益于这家小店的主人林永和夫妻俩对待顾客之道了。经常光顾小吃店的人们都喜欢这夫妻俩，客人们爱吃这家的酸辣粉，也和这做酸辣粉的主人成了朋友，并且打算一直吃下去。

和许多城市贫民一样，林永和跟妻子小时因家里穷，都没上过几天学，为此只得靠给人打零工为生。自从儿子上学后，本来就很拮据的经济越加困窘。

穷则思变，于是林永和跟妻子商量开一家小饭馆，因为做这东西技术门槛不高，学做酸辣粉也不是什么难事。再说，开一家小饭馆本钱也不要很多，于是两口子当即商定开一间酸辣粉店。

因为本钱少，林永和夫妻俩自然租不起闹市区的旺铺，最后只好用低廉的价格租下了一间地处偏僻的小铺面。

妻子坚决反对在这样的背街上开餐馆："做餐饮业，讲究的就是人气，宁可多花点钱，也要把店子开到人多的闹市区，在这么一条一天难得有几个人过路的小巷里开饭馆，不是明罢着拿钱往水坑里丢么？"但林永和深信"好酒不怕巷子深"，只要你卖的东西顾客愿意买，是不在乎多走几步路的。

并且林永和坚信，人心都是肉长的，就算再偏的地儿，只要自己对顾客好，对顾客实在，把顾客当做自己的朋友，顾客也会愿意来，自己自然会有生意做，有钱赚。

创业之初，他们的"特色酸辣粉"生意确实很清淡，每天的毛收入不到50元钱。这一来，刘永和的妻子得理不饶人，说他办事武断，听不进别人的好话，把钱往水坑里丢。

可林永和偏不信这个理，他把小店交给妻子打理，自己以食客的身份到各家卖酸辣粉的小饭馆里转悠，结果发现几乎所有的店都是用同样大的碗卖酸辣粉。顾客毫无选择的余地，无论男女老幼，每份都是统一的价钱，有肚量大的汉子，吃一碗不够，老人、小孩和一些秀气的女子又吃不完。这样既浪费店家原材料，也浪费了顾客的钱财。

由于这些小店的店面都很小，完全没有服务态度可言，顾客和店主之间完全没有交流，吃完走人，更没有人情味可言。

林永和对自己的这些发现非常高兴，回去后，他首先请人做了一块牌子放在店门前，上面写道："特色酸辣粉，大碗五元，小碗三元。"这样子如果有顾客进店，就可以根据自己的肚量选择大小碗。

并且林永和和妻子二人总是笑脸待客，对不同的客人总是用着最亲切的称号，对老人叫“大娘”“大爷”，对年轻人叫“孩子”“姑娘”……这些亲昵的称谓在浮躁的都市如一阵清风刮进了人们的心里。

林永和夫妻俩非常讲诚信，顾客进店，他们一定要先问清客人要大碗还是小碗，从不替顾客作主张。对顾客一视同仁，童叟无欺。

就这么简单地把碗分大小，却把顾客由被动变为主动，不仅尊重了顾客的自主权，而且在大小碗的对比中，让顾客真实地感受到自己确实是花一分钱买到一分货，没有了怕挨宰的戒心。

时间一长，果然就像林永和说的那样，“酒香不怕巷子深”，越来越多的人会到他的“特色酸辣粉”店里来填饱肚子。而且大人小孩可以各取所需，像在家里一样方便又节约，再加上那里还有一对把你当朋友一样的夫妻老板呢。所以不少家庭都愿意多走几步路，绕道到“特色酸辣粉”来吃上一碗酸辣粉，林永和的“特色酸辣粉”的生意因此日渐火红起来。

做生意的一定要了解顾客的需要，尽量满足顾客的需要，把顾客的利益放在首位，把他当成是一个老朋友来看待。如果没有顾客来买我们的东西，那么我们也就没有可能获得利润，所以照顾顾客的利益也就是照顾好我们的利益。

把顾客当做朋友一样对待，说的是我们要从顾客的角度出发，以最好的态度让顾客满意，以此来提高我们的销售，实现我们的利润。这一切都是建立在互相尊重的前提下，如果对别人不尊重别人也不会尊重你。

四、站在顾客的立场，真心实意地对待他们

没有顾客，生意怎么能够发展得起来？既然顾客可以创造价值，那么就要以最高的标准去对待，要用虔诚的心去与其交流。

如今，越来越多的商人开始注重维护商家与顾客的情感，真心实意地为顾客

着想，与顾客成为朋友，积极吸纳顾客成为自己人脉资源的一部分，致力于做回头生意。

博恩·崔西是世界一流的潜能大师，一流的效率提升大师，一流的销售教练。他的书籍被翻译成多种文字，他的训练帮助了千千万万的人提升业绩。

他是如何做到这些的呢？

首先，他在客户身上投资更多的时间，花更多的时间与顾客待在一起，为顾客设想，与顾客建立商业上的友谊。

博恩·崔西在和客户相处的时候，他绝对不会急着赶时间。他要向人表明，他愿意花足够的时间去帮助顾客做出正确的购买决定，他绝对不会对顾客没耐心。

其次，要真诚地关怀客户。而且，他坚持要尊敬每一个他所遇到的人。

最后，他绝不批评、抱怨或指责顾客。绝对不要站在你的立场上批评任何人或任何事，不要恶言相向或批评你的竞争者。每当你听到别人提起竞争者的名字时，只要微笑地说："那是一个很不错的公司。"然后就继续做你的产品介绍。假如有人告诉博恩·崔西，他的竞争者是如何地批评他，他只会一笑置之。

你越关怀你的客户，他们就越有兴趣和你做生意。关怀的感情因素是那么强烈，往往使得价格、相对品质、交货效率、公司在市场上的规模，都敌不过它的威力。一旦客户认定你是真正关怀他和他的处境，不管销售的细节或竞争者怎么样，他都会向你购买。

柴田和子是日本推销女神。她连续16年享有日本寿险"销售女王"称号，国际组织MDRT会员。她的业绩相当于804位业务员业绩的总和。

柴田和子是如何利用人脉资源进行销售的呢？

第一，总给人一个清洁、明朗的形象。

柴田和子虽然一说话便显得神采飞扬，但她认为自己的身材比较浑圆，没有明显的特征，在初次会面时无法吸引对方的眼光，因此，她一般借着“服装”给人强烈而明朗的第一印象。这样有利于建立、发展人脉资源。

第二，利用以前所积累的人脉资源。

柴田和子高中一毕业就到“三阳商会”任职，直到结婚为止，她周边的人脉资源给了她极大的帮助。当初的人脉资源完全是以“三阳商会”为基础，然后透过他们的介绍以及转介绍而来的。

另外一个穿针引线的则是她的母校——“新宿高中”。“新宿高中”是一所著名的重点高中，它培养了一大批优秀人才。其毕业生在社会上占有一定的地位，是社会的中坚力量。

第三，善用银行开发客源。

当时日本所有的企业都是自由资本比例比较低，常需要向银行贷款，而银行也发挥极大的金融效能，在银行与企业的权力结构中，银行居于绝对支配地位。因此，银行的推荐相当有力量，可以给对方带来压力；柴田和子常常以这样的关系来做她的开场白。

“我是由银行介绍来的，但是我与银行并没有任何特殊关系。因为是我自己跑到银行请他们介绍的，所以请别介意‘银行介绍’这四个字，请你听听我说的内容。希望你能理解，我是以一个保险业务员的身份，来为贵公司推荐一项非常合适的商品，因此，请你务必针对这项由我为你设计好的保险商品，加以批评、指教，这样对我的成长也有所助益。我希望一点一滴地累积这些教训，将来成为日本顶尖的业务员。因此，请你不吝指教，对我加以指导。”

有一家银行为柴田和子提供了7家企业的转介绍。那家银行的支行长是一位非常优秀的绅士，之后又陆续为她介绍了很多企业。于是，银行便成为了她的人脉介绍机。

当柴田和子成功地获得一家银行的转介绍后，其他的银行也逐渐地对她伸出援手。

为了具体了解企业名称，她曾经一整天坐在银行柜台窗口前的椅子上，一听到银行小姐喊“XX工业公司”、“XX会”，就一个一个地把名称抄录下来。然后再上二楼的贷款部门请求工作人员为她介绍那些企业，然后再去一路拜访。

第四，寻找关键人物。

柴田和子之所以从老板下手，是因为那是最有效率的做法。就像之前说的那样，老板是一家公司中最重要的人脉资源，由于老板是握有决定权的关键人物，只要使那个人说“Yes”，剩下的就只是事务性工作了。因此，行销人员必须要能洞悉谁才是问题的关键。

柴田和子认为有效率的做事方法，就是将已经建立的人脉资源活用于企业集团之中。每个人总有亲戚、校友和乡亲，从这些关系中开展她的事业，而她也认为可以将这些人脉资源灵活运用于工作上。

前往企业行销团体保险，是以企业的母集团为着眼点，只要与某企业集团旗下的公司签下契约，则该公司所属企业集团的人脉资源也尽可囊括其中，可以迅速地扩大自己的市场。

第五，人情练达造就成功行销。

柴田和子绝不耽误与别人的约会时间。她绝对不带给别人不愉快。即使是自己的秘书，她也认为让他在严寒或是酷热的地方等候是不对的，如果要让某个人受热或受冻，她是宁可自己来承受。

柴田和子说：“保险行销要成功，必须要懂得体谅别人，即人情练达。”

总结起来，其实柴田和子成功的秘诀就是“开发和经营人脉”。

一个人的骄傲、尊严、自我肯定，大部分都来自于受到别人的尊敬程度。你越在意别人的意见，别人对你的尊敬程度就越会影响你的行为。而面对顾客时，就要注意自己对顾客的尊重程度。

有人尊敬你，你就会认为那个人比较优秀，比较有判断力，比较有内涵，而且个性也比较好。同理，顾客也会因为受到你的尊敬而倍感喜悦，就会对你产生好印象，这样对于建立与顾客间的人脉关系网是至关重要的。

第四节　吃点儿亏，让别人欠你人情

在与人合作的过程中，总会有失败的时候，赔钱在所难免。有的人会把赔钱的责任算在合作伙伴头上，让别人承担大部分责任，自己承担小部分责任甚至不承担任何责任。这种做法是非常愚蠢的。

精明的人是绝对不会这样做的。真正精明的人总是勇于承担大部分责任，他们明白此时的赔钱是放长线钓大鱼。而这条大鱼就是“人脉”。

那些精明的人，将“吃亏”当做是自己发展事业途中必须完成的一项任务，他们知道，此时赔的只是小钱而已，赚的却是多少钱也买不来的人脉。

一、其实吃点小亏不一定是什么坏事

很多善于经营人脉的人都很精明，他们的精明是一种睿智，他们从不会在一些钱财上与人纠缠不清，而是永远把吃亏的机会留给自己。这种看似不精明的做法，其实恰恰是最精明的。他们把吃亏的机会留给了自己，也把创下一番宏图伟业的机会留给了自己。

刘玉红是一个用心经营服装店的店主，在不到两年的时间内，她将自己的一

家小店扩展出五家分店，迅速成为当地服装行业的龙头。刘玉红做服装生意秉承两个原则：一是依质量定价，物美价廉；二是有着一套较好的互惠模式。

这种互惠模式其实是一种促销形式的营销模式，就是利用看似吃亏的方式，来对自己的商品进行促销。例如第一位顾客在商店购买到物美价廉的货物后，如果能够介绍第二位顾客过来进行消费，那么第一位顾客将会得到一张打折卡。第二位顾客再介绍第三位顾客过来消费，第二位顾客也会得到打折卡……以此类推，循序渐进地进行。

这种营销模式，激发了顾客为了得到商店的折扣利益而介绍朋友过来消费的欲望，从而促进了商店的营业额。

因此，刘玉红的生意是越做越大，越来越红火。

刘玉红其实巧妙地运用了吃亏原则：好似自己吃亏似的把实惠送给顾客，同时收获了一定的人脉资源，使顾客自发地为自己介绍客户。

生活中这种“吃小亏，赚大钱”的例子随处可见。只有灵活掌握这种原则的人，才能有效地影响他人，虏获人心，进而就能更轻松地掌控事情发展的大局，做事情的时候才会更加顺利。因此，贪小便宜是吃大亏，而学会吃亏才让你赢得更多的利益。

王晓东从1997年底的6万元起家，做到现在的上亿资产。他的创富之路成功的秘诀就是“勇于吃亏”，他永远都是把吃亏的机会留给自己。

在创业初期，王晓东带了一个二十几个科研人员的团队，当产品测试进行到第三个步骤时，内部矛盾出现了，18个人要闹着离开，当时公司账上已经没多少钱了。作为老总的他那时候是真头疼，他对技术还不了解，公司剩下的人的生存还要指望他们。

他想了一晚上，第二天，招集18个人开会，对他们讲：“大家都是原来一个单位出来的同事，一起共事一段也不容易，我很理解你们每个人自我发展的选择。我不强留你们，每个人多发一个月工资，大家好合好散，祝你们都能有好的发展”，18个人每人领了8000元钱走了。

他没有想着18个伙伴背叛了他，就要让他们吃亏，不给他们发遣散费，而想的是把吃亏的机会留给自己。

这时候公司账面上只剩下了5000元。

当时很多人都不理解他为什么这么做，公司留下的员工也很有情绪，他只说了一句“大浪淘沙，留下来的都是金子”。一个月后，18个人离开了公司后在本地成立了一家公司，做的当然就是原来的产品。这时候他会心地笑了，他心里清楚自己的这次吃亏会给自己企业将来的发展带来巨大的好处。

于是，王晓东不管别人的闲言碎语，向原单位借了10万元带着留下来的人苦干了起来。半年后，产品推出，通过良好的市场运作，公司不但赢利了，而且将那离开的18个人成立的公司击垮了，18个人都背了一笔不小的债。

这时候他才向朋友道出他是如何策划导演了这么一出漂亮的戏来。

他知道在当时，18个技术核心离开会对公司造成怎样的伤害，在这一现实无法改变的情况下，他在设想这18个人的去处，无非是两种情况，一是离开后各奔东西，或被大公司吸纳，或者到外地另谋出路；第二种情况，就是18个人合伙成立一家新公司，继续做原来的产品，跟原公司竞争。

对于他来说，他更希望是后一种情况，因为这18个人都是技术出身，没有一个懂经营的，市场运作就更不用说了，而且18个人原来在他手下都是平起平坐的，现在要成立公司，势必要有领导，有下属。

而对于这些人，王晓东是非常了解的，他们没有一个人有这种领导才能和领导心胸的，内部将来必然会出现矛盾，一定不会维持多长时间，这样的公司对他无法造成竞争威胁。

而要是这些人被一些本地的大公司收编了，那结果就很惨了，大公司的管理和先进的市场运作基础很快就会形成产品占领市场，再加上这些人深厚的技术功底，他的企业是无法与之竞争的。

于是，他决定努力促成这18个人成立公司，而他知道以这18个人的当时的收入情况，成立公司钱还不够，于是他多发了那些钱，自己吃点亏，就是为了让他们能够开公司。

有的时候一时的吃亏并不是永远的吃亏，在思虑好未来的情况下，吃亏反而是一种明智的选择，此时的吃亏是为了将来更好的发展和进步，是为了将来不再吃更多的亏。

在现实生活中，金钱和名誉常常被作为衡量一个人成功与否的标准，这使得很多人不愿意吃一丁点儿亏。这些人一心向着金钱和名誉看，却不知道这种逻辑思维恰恰和那些成功人士的思维是相反的。

凡是成功人士，他们都懂得吃亏，只有学会吃亏，才会获得更多的成功机会，赢得更多的人情。

所谓“你让别人一尺，别人就让你一丈”，事事都退让一点，这意味着宽容，这看似是一种吃亏的方法，实则是一种让你收获更多人脉资源的策略。

贪小便宜的人，最终往往都会吃个大亏。相反，那些不贪小便宜而懂得吃亏的人，却总能在不如意中找到一飞冲天的机会。

有一个名叫陈傲的温州小伙子，就是因为把吃亏的机会留给了自己，使得自己的企业迅速地发展壮大。

在陈傲创业起步初上轨道的时候，一个多年的老朋友来投靠他，但这个朋友的为人和能力都难以适应他的公司，矛盾产生了，这个朋友到处说他的不是。

他没有责怪朋友，而是做了一件旁人当时难以理解的事情。他从自己100万的资产中拿出60万给他，选了一个项目，帮朋友成立了一家公司让他去做。而这个朋友得了便宜反到更张扬了，更是逢人便说他的坏话。

于是他又会心地笑了。他说我知道他的个性是一定会这样做的，我就是要他这样做，因为听的人会从另外一个侧面来看待这件事情。果然，几个月后，他的义名便在本地传开了。于是合作者增多，政府加大扶持，高级人才加盟，当年他的资产就扩大了好几倍。

如今的陈傲谈起当年的吃亏，仍然觉得是划算的，他说："自己当年给对方60万也是测算好了的，少了还不行，最少要够他坚持两年以上的，要不然别人会说他把好项目留给自己，把差的给朋友。"

这一次他成功了，良好的信誉和外部环境对他的认可使得他的企业迅速地壮大起来，他亏了当初的60万，却赢来了如今数不尽的60万。

日常生活中有很多人，不爱吃看得见的小亏，反而吃了看不见的大亏，这也就是所谓的"捡了芝麻，丢了西瓜"。其实，要懂得吃亏才是不亏的道理，就像天上的日月不可能永远盈，也不可能永远亏一样，你也不会永远处在亏的地步。

所以对待盈亏不要过于计较，作为一个聪明人，就要学着吃点小亏。因为很多的时候，你看似是在吃亏，实际上有一个更大的补偿在等着你，譬如人脉圈的拓张。这就是一个懂得吃亏才是不亏的人应该明白的道理。

二、斤斤计较，难成大业

之所以很多精明的生意人敢于吃亏、敢于赔钱，是因为他们清楚，此时赔的是"钱"，但赚回来的却是多少钱也换不来的"人脉"。

在不少下属和同行的眼里，林国庆并不像是一个利益至上的生意人，因为他简直就是一个敢于赔钱的主儿，这使得他的"发家史"也颇有几分传奇色彩。

1997年，带着3000块钱的林国庆和同伴一起赶往上海，准备大展一番宏图。大家说好合伙入股办包装箱厂，于是大家纷纷自掏腰包，再加上林国庆的那3000块钱，一共凑出来8000元。林国庆放心地把8000元交给了朋友。然而，由于大家年龄小，加之管理不善，不到两年，8000元本金和随后追加的一万多元投资血本无归。

一盆凉水从头浇到脚，创业的热情被扑灭。那一段时间，是林国庆内心最苦的一段日子。他背上了两万元的债务。对那时的他来说，两万元就是一个天文数字。

但是，林国庆勇于接受了这个事实，他安抚好自己的同伴，丝毫没有责备他们，而是鼓起勇气打算再创业。

第二年，林国庆借钱盘下同学惨淡经营的一个路边店，开始自己的陶瓷专卖。

2000年的一天，店里来了一个大客户，一开口就要10万件陶瓷样品。可是客户手里拿的样品林国庆从来没有见过。眼看着生意就要泡汤了，就在这时，客人突然紧盯着林国庆好一会儿，大叫了一声：“国庆你个死小子！你怎么开始卖陶瓷了！”

林国庆仔细看了对方了脸才认出了，此人正是让自己入股办包装箱厂的那位同伴！同伴欣喜不已，说到当年自己让林国庆赔了两万多块钱，愧疚不已。二人相谈甚欢，同伴知道了林国庆的难处之后，留下陶瓷样品，让林国庆好好研究，声称一定要让林国庆做成这笔生意，以弥补自己当年的过失。

就这样，林国庆根据样品做出了成品，并亲自送货到广州，就这笔生意为他赚得了创业的启动资金，并还清了以往的全部债务。

一开始创业赔的2万块钱，为林国庆赚到了后来的人脉资源。

广州之行让林国庆大开眼界。他发出的10万件陶瓷样品马上被同伴的公司接收，接着，由于同伴的介绍，其他的业务接踵而至，接着他就成了广州的总代理。

不过5年，林国庆成为多家陶瓷知名品牌的西北总代理，年销量在五六百万元以上。又一个5年后，已稳坐兰州陶瓷生意头把交椅的林国庆，主动压缩自己的销量，建起大型陶瓷石材批发市场，接纳陶瓷经销商500多家。

再一个5年，林国庆将自己的事业拓展到了北京，还是同样的行当，也做得顺风顺水。后来他还成功地将北京的陶瓷市场转型为汽配市场。

林国庆从不后悔自己当初的赔钱，这么多年一路走来，林国庆总是感慨赔钱容易，得人脉难。他总是时时想到让自己赔钱，以赢得一个好朋友。

他总是说，真诚待人重要，多少钱财也换不来人脉。

成功后的他常常感慨，当初在广州，自己实力有限，正是由于朋友为他推荐“林国庆为人可靠，没什么风险”，才能成为之后的西北总代理。

从办包装箱厂、卖陶瓷到搞汽配，林国庆说自己始终有朋友相助。正是林国庆肯赔钱的态度让人们感受到他的真诚善良，而这正是如今商界所最看重的。

愚钝的人只知道斤斤计较，吃不得一点亏。而聪明的人知道先予后取，即使吃点亏也看成是一种变相的投资。这是在社会上生存的高级智慧。这种方法可以让你的人际关系变得和谐，毕竟谁都喜欢一个不斤斤计较的人。当别人相信你，喜欢与你接触，自然别人就愿意帮助你。

赔“钱”赚“人脉”，实在是划算啊！

三、计较那么多，何必呢？

做人固然不能玩世不恭、游戏人生，但同样也不能什么事情都太过于斤斤计较，任何事情都去锱铢必较的话，这样就会活得很累，把握好一个“度”是很重要的。常言道，“水至清则无鱼，人至察则无徒”，什么事情都太过于认真了，就会对什么都看不惯，甚至连一个朋友都容不下，最后只会是把自己同社会隔绝开来，彻底断绝了自己的人脉关系网。

小事不计较，这是吃得亏的一种境界，吃得亏才是福气，吃得亏才能换来人脉。

有一条汽车线路，是从小村庄开往镇上火车站的。因为线路短，沿途坐车人又很少，所以客运公司仅安排了两辆中巴来回对开。开A号车的女司机和开B号车的男司机，他们两个人虽然都是同事，也是朋友，然而他们做生意的手段却迥然不同。

坐车的人大多是一些村子里准备外出的老乡，有的时候一进城往往是一家老少全动员。

A号车的女司机很少让村民给孩子买票，即使是一对夫妇带几个孩子，她也像是没看见似的，只要求村民买两张成人票。

有的村民感觉过意不去，便执意要给大点的孩子买票。她就笑着对村民的孩子说："下次给阿姨带个山里的苹果吃就得了，这次就让你免费坐车了。"

然而开B号车的男司机却恰恰相反。只要老乡带着孩子，孩子大一点就得买全票，孩子小一点也得买半票。而且他总是对坐车的村民们唠叨着，说车是承包的，每月要向客运公司交多少多少钱，哪个月不交足，马上就干不下去了。

当然，村民们也理解他的难处，所以每次坐B号车的时候，有几个人就买几张票。因此，每次也都相安无事。

但是过了一段时间之后，B号车却不见了，据说是停开了。它应验了开B号车男司机的话：哪个月没向客运公司交足了钱，马上就干不下去了。因为搭这位男司机开的B号车的人越来越少。

市场有时候像看不见硝烟的战场。在这个战场上，竞争者之间比拼的不仅仅是商品的价格、质量和服务，还有销售哲学这样深层次的东西。

B号车男司机的做法无可厚非，并不能说他做错了什么，而A号车女司机的

做法似乎很傻，像吃了很大亏一样。然而，懂得吃亏的人，才有最大的福气，最后都是看似傻瓜的人取得了成功，“精明的”反而做不下去了。A号车的女司机正是因为“吃了亏”所以才积攒下来了这么多人脉，而B号车的男司机虽然没有吃亏，但是却完全丧失了所有的人脉，无论什么时候，这都是死路一条。

再看看身边无数懂得吃亏是福的人，你就能发现其中的深意。“吃亏”不是让你失去什么，反而是让吃了“亏”的人得到满足。这也就是从古至今人们说“吃亏是福”的意思。

从这个意义上来讲，其实“吃亏”在很多时候都是一种非常睿智的交际策略，每个人在“吃亏”的同时，也会收获到别人欠你的人情，进而体会到所谓的“吃亏是福”。凡事不要太斤斤计较，只有吃得小亏，才能换来更多更广泛的人脉，而且越是吃亏，那你所构建的人脉网自然也就越是牢固。

四、放长线钓大鱼

钓鱼的人都知道，放长线才能钓大鱼。有的人在自己的事业上常常在乎一些鸡毛蒜皮的小事，为一点钱财而与合伙人、与客户斤斤计较，这是非常不明智的一种行为。而那些聪明的人深深了解：现在吃点儿小亏、赔点小钱是必须，只有这样将来赚得大钱才会是必然。

现在赔点小钱，是为自己积累各种经验，积累各种资源，做好了这种准备，才能在之后的收获之路上所向披靡。

纽约法拉盛地区人气最旺的那些超市，绝大多数都是华人老板开的，其中有很多的老板在三四年前还是路边摆摊的小菜贩。他们虽然在刚开始创业时，总是赔钱，但他们从不气馁。他们勇于接受失败，宁愿自己赔钱，也不会殃及客人。

他们总是怀着乐观的心态积极地从每一次失败中汲取经验，为自己积累各种资源，最终才把自己的路边摊变成超市。

吸引最多商客光临的华埠坚尼路两旁商店，有超过一半的业主都是华人。放眼华埠坚尼路上各个街角，几乎都可看到数名女子推着手套、围巾，或是刚出版的ＣＤ和刚上映的电影ＤＶＤ手推车叫卖。

其中一家店的老板吴小姐已经在美国生活四年了，她说："我们都是从中国来的，我们做生意特别讲究，有时候自己的货物客人不满意，我们会主动为他们退货，然后推荐他们到旁边的老乡那里去买。"

真正聪明的商人不论在世界的哪个地方，总是宁愿自己赔钱。他们知道现在赔点小钱是必须的，将来一定能赚得大钱。

五福茶艺馆董事长、福丽特中国茶城总经理段云松在刚开始开茶艺馆的时候，也总是帮助别人开茶艺馆。并且事无巨细地为别人传授经验，然后别人的茶艺馆就火了，自己的茶艺馆的顾客都跑别人茶艺馆去了。

其他人认为，段云松真傻，但是段云松的想法却不一样。他说："我认为同行不是冤家，是朋友。有的人一来茶艺馆就摸这摸那，我一眼就看得出来。我就问：想开茶艺馆吗？想开我告诉你从哪里进水，哪里进茶。他们往往不理解，市场竞争是残酷的，你告诉我，你不就失去市场份额了吗？

"其实不然，茶艺馆需要一种气候，需要像饭馆一样普及，如果整个行业只有你自己，那才是危险的。一束花香带不来春色满园，单靠自己，或许根本就维持不到今天。当我们开了第二家以后，北京真的陆续开了十几家茶馆，这个时候我知道我们的努力终于有了成效了。"

段云松是睿智的，他明白，自己此时的看似顾客外流，导致自己赔钱，其实是在放长线钓大鱼。等到将来春色满园之时，他就可以在自己所造就的气候中创造一个茶艺王国，那时，有谁还能说段云松傻呢？一时的傻，一时的赔钱，只是在放长线呢。

像段云松一般睿智的那些商人，不仅对同行如此，而且在对待顾客上也是宁愿现在自己赔点小钱，坚信将来能赚到大钱。在交易中，为了赢得顾客的好感，而常常慷慨大方让出小利，宁愿自己吃小亏，这也正是一种收买人心、拓展人脉圈的好方法。

而且在对项目的谈判过程也同样需要如此，通过在交际和公关方面看似“吃亏”的小让步，就可以在心理公关甚至政府公关方面收获更广泛的人脉。聪明人懂得在谈判中让出一点小利，赔点小钱，让对方占点小便宜，赢得对方的好感，之后的合作就顺利许多，当然获利也就更多了。

人脉圈潜规则

第六章

做人是一门学问，与人相处更是一门学问，很多人甚至用毕生的精力也未必能勘破个中因果。很多人在探索人际交往的潜规则之时顿悟，塑造出自己辉煌的人生。

然而人脉的复杂性使人们不可能在有限的时间里体会到其中的全部内涵，但是只要用心，人们对人际交往的理解和感悟又总是在不断受到启发。

在日常的人际交往中，我们遭遇太多的争论，造成太多心与心的嫌隙。在那些自以为是的争论中，或许我们竭尽全力地维护那些并不全面、并不成熟的观点，或许我们对那些无关紧要的问题各抒己见、针锋相对。然而我们却忘记了这些心与心的罅隙有可能造成自己人脉的缺失。

人与人之间的交往有太多需要注意的地方了，这些潜规则或许只是冰山一角，更深层的体会还需要时间与经验的积累才能知晓。

第一节　了解人的心理

在建立、拓展自己的人脉圈时，很多人都会遇到这样那样的困难。比如，有的人天生一副拒人于千里之外的样子，连句话都说不上；有的人一副高高在上的样子，谁的面子都不给……

而有些人，天生就是建立、拓展人脉的高手，无论对方是什么三教九流，只要能张嘴、会说话，就能和人家套上关系。

同样都是人，怎么做人的差距这么大呢？在发展自己人脉圈的时候，到底怎么做才能顺利打动别人呢？要做到这一点，首先得了解一点人的心理。

一、人人都喜欢和不如自己的人交往

在生活中，有很多很高明的“傻子”，他们懂得“装傻”能带来的好处。人人都喜欢与这种“傻子”交往，因为可以更加放松，更加自然，不必处处提防。所以，“装傻”可以降低自己对别人的威胁，从而免遭嫉妒，这就已经为你建立人脉网迈出了很重要的一步了。然后别人因为你的“傻”而觉得自己很聪明，从而对你产生好感，自然就会想要和你多接触，接下来，你的人脉网自然而然也就打通了。

《菜根谭》中有“鹰立如睡，虎行似病”的说法，说的是老鹰站在那里像是睡着的样子，老虎走路的时候好像生病的样子。其实，这些都是它们准备捕猎食物时的手段。人也要像这些动物一样懂得“守拙”，只有在别人面前故意装糊涂，不要高调地表现自己的聪明，才能更好地保护自己，进而逐步与别人拉近关系，扩展自己的人脉资源。

有的人对“装傻”这个词很反感，认为“装傻”就是整天戴着面具做人，装来装去失去了自我，太累了。其实，“装傻”也需要有足够的智慧和大度的胸怀。

石云峰有个女同事，虽然长相欠佳，却偏偏热衷打扮。她经常买一些花里胡哨、不伦不类的衣服，还自信满满地问大家：“你们觉得我这件新衣服怎么样？漂亮吗？”

石云峰觉得这位女同事的穿着品位非常差，于是当这位女同事向他展示自己的新衣服时，石云峰就非常直接地告诉她：“你怎么老是买颜色这么鲜艳的衣服？看起来很俗。”

这位女同事听了石云峰的话，脸上一阵红一阵白，想要发作，可是又一时语塞，说不出话来。石云峰的另一同事田子豪却在一旁说道：“不会啊，我觉得这样挺好的。你今天的这身衣服挺漂亮的，你真有眼光，这一穿年轻了10岁哪！花了不少钱吧？”

那位女同事听了这话，才又笑逐颜开，“没有啦，不是很贵。我这个人买东西最会精打细算了。”说罢，她狠狠瞪了石云峰一眼，扭头走了。

后来中午石云峰跟田子豪吃饭的时候，石云峰说起这个女同事，忍不住抱怨：“她真是不知道美和丑的区别啊！你怎么还夸她啊？”

田子豪却笑笑说：“我那是装傻呢。成人之美，又有什么不好呢。换位思考，别人如果直接指出你身上不可改变的缺点，相信你也会不开心的。更何况她是领导的亲戚，我就装回傻呗，出来混，也只好这么当孙子了。”

吃完午饭两个人回到办公室，石云峰一直想着田子豪的话，若有所思。

之后，田子豪每次见到那位女同事还是满口溢美之词，但是没过多久他就不需要再说这些违心的赞美之言了，因为他被领导指派为一个新项目的行政总监，级别直接三级跳。而比田子豪早进公司一年多的石云峰，则依旧待在原来的办公室，继续体会着田子豪话中的玄机。

在生活中，很多时候我们要与自己不喜欢的人相处、共事，或者做一些自己并不喜欢做的事。如果我们在遇到自己不喜欢的人和事时，总是表现出排斥、厌恶的样子，就很可能会伤害他人的自尊心，或者影响事情的进展。这种“直率”其实“很傻很天真”，并不会为你赢得好名声，反而有可能会败坏你的人脉关系网。

所以我们常常要“装傻”，但是不能真傻，你需要知道自己为什么在“装”。

“装傻”，不是让你学得像狐狸般狡猾，表面一套背后一套，心怀鬼胎。“装傻”只是让你在内心与人为善的前提下，在复杂的人际关系中更受欢迎一些，以便保护自己，维系自己的人脉。

“装傻”，并不是一味地戴假面具做假好人，也不是没有底线地唯唯诺诺。“装傻”，可以是为了事情进展更加顺利，为了避免尴尬的局面，为了免遭嫉妒和猜疑，为了取得有善意的人的帮助，等等。

“装傻”是一种为人处世的高明策略。学会“装傻”，可以保全自己，赢得人脉，成就大事。既然如此，当个“傻子”又何妨?

二、站在对方的立场

拓展自己的人脉圈时，最重要的就是要得到对方的好感和认同。一个人对什么样的人最容易产生好感?答案就是理解自己的人。在你和别人交往的时候，你想要得到对方的认同，其实对方也想要得到你的认同。所谓“士为知己者死”，如果你能够站在对方的立场上，首先表现出了对他的理解和认同，他当然也会很容易对你表现出好感和认同。

心理学上有个词，叫做同理心，意思是能设身处地地理解他人的情绪，感同身受地明白及体会身边人的处境及感受，并且可以适当地回应其需要。具有“同理心”的人能从细微处体察到他人的需求。同理心必然需要换位思考。

换位思考是理解他人的基础，面对着可能出现的不理解，我们不妨把自己假想成对方，站在对方的角度、对方的位置、对方的处境、对方的立场和对方的角色上来思考问题，多想想“如果是我，我该怎么做？我会怎样选择”？换位思考的前提是换位要准确地换到对方的位置上，如果换位不到位，或是换位不换人，你的思考就达不到应有的效果。

换位思考的目的是思考，如果只换位不思考，换位思考就变得有名无实。

十多年前，还没有成为美国国务卿的奥尔布赖特在BN电影公司做公关部经理，她的压力很大，不仅面临着巨大的职业挑战，同时又必须面对许多现实的琐碎问题，比如人际关系的处理、家庭生活的和谐等等，但她巧妙地使这些烦琐的事情变得有趣。

在公司里，下属总会在某一个繁忙的下午突然收到一张上面写着诸如“你干得非常出色”之类的精致典雅的卡片；而在她丈夫生日的那一天，她总会努力举办一个家庭小舞会，而且是一个人事先布置好。下属因此对奥尔布赖特非常信赖和尊敬，丈夫则为有这样一个既能干又体贴的妻子感到骄傲。就这样，在繁忙工作的间隙，她并没有花太多的时间，却给他人送去了一份又一份快乐。

她觉得，大家的节奏都那么快，大部分人都忘了一些最基本的问候，都认为这些是无足轻重的小事情。但事实上，正是这些小事情最能体现出你的那一份心意。如果你注意到这些“无足轻重”的事情，就会使人与人之间的情感变得不那么紧张。一份小小的问候就能体现出一个人的真挚和诚意，使他人感到温暖，让别人感受到他在你心中的位置。

其实，奥尔布赖特的做法是对她个人形象、风度的一个最佳传播，当下属看到那张卡片的时候，就一定会想起她，会使他们更认为奥尔布赖特是一个很重视别人的人。这样以来，他们总会想到奥尔布赖特的优点，而不会注意奥尔布赖特的缺陷。

显然，奥尔布赖特的做法值得我们借鉴。尽管她自己本身就非常忙碌，而且压力很大，但是她能够站在下属和丈夫的角度去考虑问题，这就是打通人际关系的一座重要的桥梁。如果她永远只想到自己有多么大的压力，而从来不去考虑别人的感受，那她也不可能像现在这样受到下属和丈夫的支持。

人与人的关系不一定非要在大事中才能体现出来，在日常生活的琐碎事之中更能体现你的友善。既懂得工作的重要，也深信生活的乐趣，时不时换位思考一下，想想看身边的人需要些什么，然后随时把心中最真诚的愉悦带给大家，让他们感受到你对他们的重视，这正是处理人际关系的要诀。

生活中很多很多的问题，就是因为不愿意站在对方的角度思考，或者双方互相不把对方放在心上引起的，种种误会和敌意，甚至仇恨也因此而生，并带来数不清的麻烦。如果每个人都对别人多一份理解，多一份重视，那无疑会给别人带来欢乐，更会给你的人际交往带来方便。

襟怀宽广，才能容得下别人不能容、容不了的人和事。当遇到别人的误解的时候，胸襟宽广的人会不急不躁，相信自己能够向对方解释清楚，即使对方不听解释，他们也只是微微一笑，让时间来证明一切。他们不会因为朋友的误解而恼羞成怒，相反，他们理解朋友的误解出于无意，是出于一时的激动。这样的宽容换来的是朋友更加真挚的友情。

站在他人的立场上看问题，给对方以足够的理解，这是生活的一种方法、一种智慧、一种境界、一种爱护、一种体贴、一种宽容。这说起来容易做起来难。我们都有被“冒犯”和“误解”的时候，如果对此耿耿于怀，心中就会有解不开的“疙瘩”；如果我们能深入体察对方的内心世界，或许就可以形成一致意见，达成共识。这样，理解就可以为我们的交际、我们的事业带来莫大的帮助。

第二节 莫要强作出头鸟

“木秀于林，风必摧之；堆出于岸，流必湍之；行高于人，众必非之。”树大必招风，做人要低调。在职场打拼多年，也许你真的很优秀，但你必须学会适应环境，不可过于高傲。谦虚做人，才更容易被大家所接受，才更容易拓展自己的人脉圈。

每个人都有锋芒，锋芒就是人们显露出来的才干，人无锋芒则像是立不起的藤蔓，在社会上是难以立足的。一个有才华、有才能的人，在社会中的存在价值自然就要高一点，然而这并不是可以拿来炫耀的资本。没有任何理由可以让一个人骄傲自满、自视甚高、目中无人。

真正的高人，懂得该低调的时候低调，该锋芒的时候锋芒，这样才能帮助自己提升自身价值；而大多数人则利用不好自己的锋芒，动不动就炫耀和显摆，这样只会在自己成功路上增加无数绊脚石。

也许你有突出的才干，但是，要想赢得更多的发展机会，就要学会示人以弱，适时地将锋芒隐藏起来。

每一个人都应该要被人尊重，所以恃才傲物的人往往会因为锋芒太露，于是得罪了他人，最终落得一个自毁前程的下场。

有资格恃才傲物的人势必都身怀绝技，有着一些优于常人的本领，于是其中有一些人便会清高自傲，甚至故意挑衅别人。然而他们如果不能爱惜自己的“羽翼”，那么就算是在锋利的“锋芒”也总会有钝掉的一天，到那时，周围的人全都得罪光了，哪里还有什么人脉可言呢？

一、树大招风风撼树，人为名高名丧人

随着社会进步，现代社会越来越讲究个性，每个人都希望放大自己的个性和特长，希望特立独行、与众不同。但现实告诉每个人，个性过于张扬，就很有可能给自己带来不必要的麻烦，正所谓树大招风、名大招祸。

墨子曾说过这样一段话：有五把锥子，其中最锋利的一定最先折断。有五把刀子，其中磨得最快的一定先损坏。正所谓“枪打出头鸟”，如果你要特立独行，与众不同，那就会有很多人群起而攻之。

很多人善于张扬个性，为人率直，行事鲁莽，不管三七二十一，硬往前冲，不撞南墙不死心。这固然是一个人勇气和自信的表现，但最终的结果却不尽如人意，四处碰壁自不必说，也因为自己的一些过激行为四处树敌，还得罪了不少人。

职场中太过出众的人，往往会被身边人排斥。那么作为一个为了事业不断打拼的社会人来说，工作努力，争做上游，这自然是件好事，但是如果没有采用恰当的方式，也会让自己误入一个尴尬的境地。

才学出众、为人清高，原本是一个人素质和修养的体现，然而有些时候这也恰恰会成为一个人被群体孤立、令人厌烦的原因。

当然这并不意味着每一个才学出众的人都会自以为是、目空一切，但是却难免会给周围的人留下这种印象，乃至于被人误会是个不合群、难以相处的人，于是逐渐被人疏远。这是很多有能力的人所共有的为人处事的障碍。

王孟亭是一个名牌大学毕业的高材生，在经管方面有很优秀的才能。王孟亭刚一毕业就信心满满地向很多家大型企业投了简历，然后他果然很顺利地去参加面试，然后在几家公司中选择了一家心仪的公司入职上班了。

王孟亭所在的那个部门包括部门主管在内一共有十几个同事，可是他们全部都不是经管专业毕业的。在这方面，王孟亭不仅是对口专业，而且在学校的时候就是学校连年评优的高材生，所以每次上级派发下来的任务他都能够高质量、高效率地完成。

虽然这对公司来说是非常好的事情，但是却对其他的同事、甚至是王孟亭的部门主管都造成了极大的威胁。因为王孟亭的出现给他们带来了极大的冲击，所以他们开始联合起来，一同向外界放出风声，诋毁王孟亭。他们背地里都说王孟亭所有的理论都是纸上谈兵，没有任何实际经验，还贬低他完成的那些任务都华而不实、徒有其表，不具有任何使用价值。

一开始这些还没有对王孟亭造成太多不好的影响，于是他们开始变本加厉，到处放话诬赖王孟亭平时工作的时候偷奸耍滑、敷衍了事，为人高傲无礼、脱离群体，经常与群体意识相悖。

时间一长，公司的其他同事们难免都会对王孟亭产生异样的眼光。三人成虎，久而久之，即使王孟亭非常完美地完成了上面交代下来的任务，经理和总经理也逐渐认为王孟亭是一个不会做人、工作不认真的人。

人言可畏，尽管王孟亭真的很喜欢这份工作，而且这份工作的待遇也非常好，但是王孟亭还是为了保全自己的尊严，最终毅然决定辞职。

王孟亭并非没有他的工作所需要的才能，但是他遇到一群心里不平衡、善妒的同事，所以抹杀掉了他的才华所带来的贡献。

其实这种事情在社会上屡见不鲜，不论是在公司里，还是在生活中，乃至在学校里都或多或少会存在这种现象。每一个有才能的人都有可能会碰到王孟亭的遭遇，有的轻微一些，有的可能还要更甚于此。

因为王孟亭的学历以及能力对其他的员工们甚至他的部门主管造成了很大的威胁，所以他们就只好团结一致，为了捍卫自己的地位而把枪口指向王孟亭，于是就发生这种情况。

人与人之间的交往会形成一种固有的模式，这种模式就好像是一个小型的生态环境，是经过了一段时间的人际交往才能够形成的。在这个小型的人际交往的生态环境中，每个人的利益都是相互牵制的，此消彼长，其中任意一个环节一旦出现偏差，就会直接影响到其他的各个部分。所以只有大家全部都处在同一个水平线才可以保证一个共赢的局面。

然而王孟亭的出现却使这个水平线出现了偏颇，导致了共赢的局面受到威胁。在这个小型人际交往的生态环境中，只要有人试图改变这个已经长久稳固的模式，就会被其他人视为共同的敌人，所以王孟亭自然而然就成为了这个身先士卒的“挑战者”，受到了大家的一致排挤。

王孟亭施展了自己的能力，使得其他人看起来很平庸无能、显得非常没用，这样就会导致他们安于现状的状态被无限放大，各种能力上的不足都暴露于领导眼前。王孟亭对自己才能的过分展露是对这种固有模式的一种挑衅，这种做法极有可能威胁到其他人的利益，甚至不仅仅会带来利益的损失，还有可能会使其地位不保。这样的发展态势自然会引起众人的不满。

鹤立鸡群、木秀于林，这样的人是最难以融入大环境之下的，所有人都会想要除之而后快。所以为了避免王孟亭打破这长久以来形成的稳定局面，他们就必须先下手为强，破坏掉王孟亭的人脉关系网，让他的才能无处施展。

因此，一个人无论才华有多么的优秀、能力有多么的高强，在进入一个新的环境的时候都必须要安分守己，放低姿态、广结善缘是放诸四海皆准的生存要诀。就算是你有再大的把握和能力也不要试图一上来就打破原有的状态，重要的是和大家打成一片，这样才不容易被人欺负，反而还有可能得到很多的帮助，建立自己的人脉关系网。

才华要慢慢地展露，这样才不会引起别人的戒心，当逐步了解到周围环境之中的各种利益、矛盾关系之后，再根据情况慢慢地展露出自己的才华，这样才不会引来众人的反感和排挤。谦虚和内敛无论在什么情况下都是维系人脉最保险的方法之一。

在社会上打拼的每个人都应该明白一个道理，那就是拿出部分精力来处理人际关系并不是做无用功，相反会起到事半功倍的作用。所谓“世事洞明皆学问，人情练达即文章”，说的就是这个道理了。

二、低调做人，高调做事

在职场中太过于锋芒毕露，很有可能到处树敌。尤其是在和领导相处中，适当地装傻可以不显露出自己在某一方面的高明之处，以免让领导下不来台。同事之间难得糊涂的处事之道也很有可能为同事挽回了面子。在职场中懂得大智若愚的道理，更能让你在人际交往中显得更得心应手。

如果你确实个性张扬，怕被人排挤，就应该适应周围的环境，学着改善自己。

要想不露锋芒，势必要低调做人。低调做人无论在生活中还是在工作中都是十分高深的处事策略。想要建立一个稳定、良好的人脉关系网，就应该学会从各个方面低调做人。

首先，你语言不要过于强硬。不论你是经验丰富的老人，还是才华满腹的热血青年，在办公室里的言行一定不要咄咄逼人，与人为善是第一要领。谈论的话题应尽量不要触及同事的伤心之处，以免让自己处于四面树敌的境地。

其次，要提高自身的工作能力，并且不要过于软弱，尤其不要软弱到主动放弃自己的权利。正确地说出“不”字，同事们会觉得你是个有原则的人，会更加尊重你。同时要在自己的工作上多用心思，加强自己的能力。工作做得好，谁都不好挑你的毛病。

然后，与同事和善相处。如果你给同事的第一印象传达了不和善的信息，则要及时改正。上班时主动热情地与同事问好，下班后主动约同事聚餐、逛街，同事身体不适时送上一杯热水……只要你肯用心，你一定会成为办公室里的红人。

最后，你要知道忍耐是应有的美德，小不忍则乱大谋。许多人在小事上和同事大动干戈，激烈起来就连对方的家人也要一起“问候”。其实也就是用完他人的书没有放回原处，倒完水没有主动打水这样的小事，而争吵只会让你的修养分数一落千丈。学会忍耐，给别人多些宽容，自己得到的宽容也会多起来。

退一步海阔天空，忍一时风平浪静。对于别人的过失，必要的指责无可厚非，但能以博大的胸怀去宽容别人，就会让世界变得更精彩。

一个懂得谦逊的人是一个真正懂得积蓄力量的人，谦逊能够避免给别人造成太张扬的印象，这样的印象恰好能够使一个员工在生活、工作中不断积累经验与能力，最后达到成功。

有时主动吃得眼前亏，却能保留了彼此的友谊或合作机会。

即使你获得很大的名利，那你也要以一个平常的心态来对待此事，不要因为此事过于骄傲和自满。

当你取得成绩时，你要感谢他人、与人分享，这正好让他人吃下了一颗定心丸。如果你习惯了恃才傲物，看不起别人，那么总有一天会独吞苦果！请记住：恃才傲物是职场一大忌。

只有不要把自己太当回事，才不会产生自满心理，才能不断地充实、完善自己，缔造完善人生。

在生活上简朴些、低调些，不仅有助于自身的品德修炼，而且也能赢得上下的交口称誉。

在职场过分地张扬自己，就会经受更多的风吹雨打，暴露在外的椽子自然要先腐烂。一个人在社会上，如果不合时宜地过分张扬、卖弄，那么不管多么优秀，都难免会遭到明枪暗箭的打击和攻击。

不能拿朋友的缺点开玩笑。不要因为你很熟悉对方，就随意取笑对方的缺点，揭人伤疤。那样会伤及对方的人格、尊严，违背开玩笑的初衷。

面对别人的赞许恭贺，应谦和有礼、虚心，这样才能显示出自己的君子风度，淡化别人对你的嫉妒心理，维持和谐良好的人际关系。

得意时要少说话，而且态度要更加谦卑，这样才会赢得朋友们的尊敬。

凡事三思而行，说话也不例外，在开口说话之前也要思考，确定不会伤害他人再说出口，这样才能起到一言九鼎的作用，你也才能受到别人的尊重和认可。

跳槽属于人才流动，是当今社会很正常的一种现象，并不为奇，而且跳槽者屡屡能在新的团队里找到适合自己的位置，创造更佳的业绩。如果经常在新团队抱怨以前公司的种种劣迹，很有可能让人怀疑你人品有问题。

另外，别以为如实相告，别人就会感激涕零。要知道，你永远不能率性而为、无所顾忌，话语出口前，考虑一下别人的感受，是一种成熟的处世方法。

沉默，并不是让大家永不说话，该说的时候还是要说的。沉默是金就是要你明白，在不应该说话的时候，一定要保持沉默。

然而在低调做人的同时，如何才能被领导挖掘呢？那么就要做到高调做事了。

不论你遇到了多么大的挫折，都不要对自己失去信心，只要抱有坚持不懈的毅力，就一定会做成大事。

只有克服懒惰、积极进取的人，才能不断成功，不断取得好成绩。工作中的积极主动性也常常是领导考核一个人的标准。

学会自己鼓励自己，对你树立自己的自信心是很有帮助的。适当的时候给自己适当的鼓励，能够增加你前进的动力。

突破困境的方法，首先在于要肃清胸中快乐和成功的仇敌；其次要集中思想，坚定意识。只有运用正确的思想，并抱定坚定的精神，才能从逆境中突围。

当巨大的压力、非常的变故和重大的责任压在一个人身上时，隐伏在他生命最深处的种种能力，才会突然涌现出来，使他成就大业。

看不到细节，或者不把细节当回事的人，对工作缺乏认真的态度，对事情只能是敷衍了事。而注重细节的人，不仅认真地对待工作，将小事做细，并且能在做细的过程中找到机会，从而使自己走上成功之路。所以说，“点石成金，滴水成河”，只有认真对待自己所做的一切事情，才能克服万难，取得成功。

同时，试着去真心真意地帮助别人，当这一切完全发自你的意愿时，你将会感觉到这是件多么快乐的事，你的心灵也会感觉和平、安静和温暖。

而且一定要敬业，这不仅仅是事业成功的保障，更是实现人生价值的手段，有的人在生活中，总是不满意目前的职业，希望改变自己的处境。但世界上绝对没有不劳而获的事情，人们的成功无一不是按部就班、脚踏实地努力的结果。

想要获得成功，实现人生目标，就不要为薪水而工作。当一个人积极进取，尽心尽力的工作时，他才能实现更高的人生价值。

三、双刃剑伤人伤己

一个人所拥有的能力、才华、学识就像是一把剑的剑刃。一把剑如果连剑刃都没有，那就只会是一无是处的废铁，可是如果剑刃太过锋利，也未必是一件好事。剑刃太过锋利，就会遭到周围人的忌惮甚至嫉妒。一旦出现这样的情况，就不仅很难拓展自己的人脉圈，甚至还会连原有的人脉也得罪干净。

在这个世界上，才华出众却被排挤的人随处可见。这全是因为他们不懂得“才大不外露”的低调处世的智慧。有才华固然好，但是能力再强，也不能整天顶在头上到处去炫耀。这就像财富一样，有钱固然是好事，但没有一个人每天都穿金戴银、提着保险箱到街上去。

所以，虽然能力、才华、学识这些都是很好的东西，是一个人在这个社会中生存下来的必要前提，也是一个人获得别人的尊重、事业的成就的重要基础。

但是有些时候，一个人的能力、才华、学识却有可能为自己带来负面的效应。一柄利刃既可以保护自己、刺伤对手，也同样有可能因为使用不当而伤及自己，毁掉自己的人脉圈。

才华犹如一把双刃剑，需要有一个“度”的支撑，超过了这个度就可能刺伤别人，也会刺伤自己，运用起来应当小心翼翼。所以在亮出你的“刀刃”的时候，就应该要小心谨慎，一定要经过深思熟虑。不必要的时候，就让它安安稳稳地收在你的刀鞘中吧。

有些人平时无论是在生活中还是在工作上都自视甚高，他们为人处事从来不留余地，恃才傲物、锐气正盛。因为自恃有一点才能，于是就毫无保留地展露出来，待人接物咄咄逼人，这种人最后在这个社会大熔炉中迟早会栽跟头。

今年刚刚毕业的唐啸洋少年气盛，进入了一家国企工作没两天就已经有一大堆的意见了，天天想着要为公司来一个大改革。他对单位里的各个方面都看不顺眼，所以就仗着自己在学校学到的那些管理学的知识，开始主动去找领导提意见。

领导一看他才刚进公司不到一个月就有这么多的意见，心里颇为不悦，但是表面上并没有发作。可是唐啸洋完全不顾老板已经越来越难看的脸色，继续滔滔不绝地高谈阔论。领导越来越不高兴了，最后非但没有听他提出的那些意见，反而还把他批评了一顿。

这样一来，唐啸洋心里自然更不满意了，于是他消停了两天就开始着手写了一份意见书，洋洋洒洒地写了一大篇，然后越级交给了单位更上层的领导。

他本以为更上层的领导会赏识他的魄力和头脑，结果没想到这份意见书却给他惹了大麻烦。因为这份意见书里面不仅仅提到了他对单位现有制度的不满，而且还提出了一些领导层工作方法的失误以及他们的作风问题，甚至对他所提出来的一系列他自认为的弊端给出了修改意见。

上级领导看了他这份意见书之后大发雷霆，二话没说，直接让他卷铺盖卷走人了。

之后唐啸洋又找了很多工作，他每一份工作的领导和同事们都觉得他是个自大狂，认为他有妄想症。所以他之后的每一份工作没有一个做得长久的。长此以往，他心中就积压了更多的不满，怨言也越来越多，意见也越来越大，之后找的工作就更难做得好。

尽管他已经被辞退了很多次，他也始终没有想明白，自己到底哪里做错了呢？

唐啸洋自视甚高，所以很难处理好自己在职场中的人际关系，无法在新的环境中找到自己合理的位置。这充分说明了他在为人处事方面太欠缺经验，甚至成为了一个典型。因为他没有选择一个合理的表达方式，所以他的那些才能和本领都没有用对地方，这样不仅无法使自己的本领正常发挥，反而招致了领导和同事们的不满，败坏了自己的口碑，破坏了自己的人脉。

像他这样的为人处事的方法，不仅不会因为自己的高调和骄傲而获得别人的支持，反而会随着时间的流逝而受到更多的挫折。这样的打击会使得他走向两个极端，要么就愈发变本加厉，引来更多的排挤，要么就会从此一蹶不振，彻底被社会这个大熔炉磨去棱角，锋芒尽失。无论是这两种极端的哪一种，都只会让他彻底背离群体，就更不用说拓展、经营自己的人脉网了。

唐啸洋一直认为自己是英雄必有用武之地，后来他果然又找到了一份非常适合他的工作，于是他觉得自己可以大展宏图一番了。在他看来，其他的同事都不像他一样专业那么对口，所以他更是有恃无恐，觉得自己这次一定可以在这家公司大有作为。

开始一段时间他的确在这家公司做得如鱼得水，后来老板看他工作做得很优秀，于是便当众表扬了他。当然很大一部分原因是得益于这次他总算是长了记性，对于自己看不惯的事情绝口不提，于是才能这样风平浪静地度过这段时间。

老板一高兴，还表示以后唐啸洋有什么样的意见可以尽管提出来。既然老板开口了，唐啸洋就不再客气，把这些日子一直憋在心里的那些意见提了出来。

老板平时本来就是一副笑眯眯的模样，对待员工们的态度也很谦逊，所以对唐啸洋所说的那些“不足之处”也只是点头称是。既然领导都没说什么，其他的员工们也就都没有吭声。这可让唐啸洋顿感脸上有光。

唐啸洋本想着这回应该可以如愿以偿，大展宏图，结果没想到老板当初点头答应得好好的，可是之后公司却还是依然保持原样，没有任何改变。而且他还发现，原本那些重要的工作渐渐都不再派给自己了，反而都是让他去做一些极为琐碎、无关紧要的工作。

唐啸洋开始疑惑了，难道自己这次又做错什么了么？果不其然，很快唐啸洋就又像他之前的那些工作经历一样，渐渐成为了一个不招人待见的人。

后来公司一位资深的老员工私下里悄悄地劝他换一份工作，唐啸洋很不理解，可是这老员工只是动了恻隐之心而已，也不方便再多说什么了，于是只得让他好自为之。

最后唐啸洋还是辞职了，可是直到最后他也没有想明白，他这次究竟做错了什么？是老板亲口让他提意见的啊，又不是他自己主动挑毛病。可是就算他再怎么想不通也没有意义了，毕竟得罪了老板就相当于得罪了所有的人。

唐啸洋虽然这次“吃一堑、长一智”，在一开始的时候收敛了自己的锋芒，但是他最后还是“一失足成千古恨”。这就充分说明了，很多时候，别人对你表现出来的并不一定就是他真实的想法。

别人的谦逊、低调是他们在为人处事方面的技巧，如果你真得只是把这当作他们技不如人的一种表现，于是充分地暴露出自己的锋芒与高调，那就相当于把自己置身于一个危险的情况中，很容易招来别人的嫉恨与排挤。就是因为不懂得掩饰自己才华的人会给人带来一种咄咄逼人的气势，所以锋芒毕露的人不仅不被同事们接受，同时也会让领导备受威胁，这样的人很难处理好自己的人际关系。

如果别人在人际交往的段位明显高于你，懂得藏锋，但是你没有看出来，反而还骑到了别人的头上作威作福，这就是把自己陷入了没有退路的绝境。一旦使别人感到不悦，就有可能犯下不可弥补的过失，到时候损失的可能就不仅仅是人脉那么简单了。

与人相处，有各种复杂的关系需要谨慎处理。每到一个新的环境，如果不能察觉到个中玄机，那么你的无所顾忌和无所避讳就有可能会害了自己。

隐藏自己的锋芒，不仅仅是一种培养自己处理各种人际关系的能力的方法，同时也有利于提高自己的修养，有助于摒除自己身上虚荣的心理，进而变得更加踏实稳重，以便更好地巩固自己的人脉圈。

四、枪打出头鸟

人当有鸿鹄之志，才能让自己飞得更高更远。每个人都希望自己有出头之日，希望自己能成为人上人，这是人之常情。但在一飞冲天之前先要默默练习飞翔的本领。深谙人脉之道的人都知道蓄积力量，默默经营自己的人脉网，让自己有扎实的根底和飞翔的实力。否则，即使别人给了你飞翔的机会，你逞能去飞翔，最后的结果也不过是从天上摔下来。

当然，这并不是让你永远都要畏首畏尾不出头，而是要学会如何恰当地出头。要当“出头鸟”，既需要勇气，更需要策略、计谋及时机，盲目当“出头鸟”只会令自己败走于社会中。即便要出头，也不能强出头。因为有些时候，强出头还不如不出头。

许多人在涉世未深之时都会犯这样的毛病，在工作岗位上或者在生活中不经意地充当了出头鸟。这样的结果自然是烦恼随之而来，而且还有可能得罪人，损失了自己的人脉资源。

张文龙去年才刚刚走出校园，和其他几个大学生一起进入一家大型公关公司担任策划人员。他们被安排在同一个部门，通过了试用期之后，他们成为了正式员工。

张文龙在工作岗位上非常认真，每天都很勤奋，而且经常向领导提出一些非常有建设性的创意，还阶段性地对自己的工作进行分析总结。然而由于他涉世未深，所以就不小心当了一回出头鸟。

由于他的一些策划方案比其他人都更具有创意性和可操作性，很快他就得到了部门经理的认可。功夫不负有心人，慢慢地，他也开始得到了高层领导的赏识。领导开始把一些重要的方案交给他去做，而且在一些重大会议上，他也常常受到领导的表扬，

不知道从什么时候开始，张文龙发现部门里的同事开始对他爱理不理，就连一起进公司的新人对他的态度也不如从前了。

得到重用的张文龙并没有太在意这些，反而开始更加得意起来，更喜欢出风头了。每次在会议上，他都喜欢提出很多意见，无论是对自己的策划方案还是对

其他同事的策划方案。

后来他愈发感觉自己被同事孤立起来，非常无助。有时候公司活动，张文龙想活跃下气氛跟大家讲个笑话，也没有人回应他，这让他觉得非常尴尬。

张文龙无疑是这个被人嫉妒和排挤的对象。因为他不熟悉人脉之道，不懂得藏锋，而是喜欢时时刻刻出风头，这样的人肯定是会招致别人的妒忌和排挤。如果到了这个地步，那还有什么人脉可言呢？

张文龙想给领导留下深刻的印象，这无可厚非，但是他也应该注意到，有能力显露锋芒固然好，但一定要记住过犹不及，太过头了就会成为一个爱出风头的出头鸟。凡事都应该要浅尝辄止，这样才可以避免过犹不及。作为同一个起跑线上的新人，如果其中一个太优秀，往往会导致其他新人的妒忌。

他应该对自己有个清醒的认识，多和同事加强交流，尽可能地把好经验多和同事们分享一下，这样才把风头变成了甜头，避免了很多不必要的敌意，拉拢更多的人脉。

第三节　宽容比争辩好

俗话说得好，“退一步海阔天空，忍一时风平浪静”。宽容有错误的人、有缺点的人，特别是宽容那些冒犯过自己的人，这不仅仅是胸怀、气度的问题，可以说是一种增强友谊甚至是化敌为友的非常智慧。

宽容一些，会有更多的人愿意与你交往，甚至连敌人也会被你的气度折服，成为你的朋友。连敌人都能变成自己的朋友，这样的人会因为人脉不广而遇到困难吗?

一、退一步海阔天空

在这个世界上走一遭，没有人是不会犯错误的，“人非圣贤，孰能无过”，人或多或少都会说出一些不好听的话语。事实的经验告诉人们，与人相处要互相谅解，经常以“难得糊涂”的态度自勉，只有不斤斤计较小事情才能赢得更多的人脉，最终成就大事业。

有位名叫齐继水的老人在一条胡同里开了一家老式裁缝店，因为他是一个不计较小事的人，所以人缘特别好，生意自然也是红火得不得了。

有一年春节前，住在附近的一个姓郑的大妈来到店里。她前几天在这家店定做了一身衣服，现在她嫌做得太慢了，说不想要了，可是这是当初就已经说好了的，要两个礼拜才能做完，而且她还非让裁缝店归还她当初交的定金。前台的小姑娘刚要跟她解释，她就破口大骂，骂得还特别难听。

齐继水原本在店的里屋算账，忽然听见外面柜台处有争吵声，于是急急忙忙地走了出来。齐继水一向信奉“和气生财”，因此，遇到什么事情，他都不会斤斤计较，总能大事化小，小事化了。于是他先将前台的小姑娘训斥了一番，然后再好言向郑大妈道歉。

可是郑大妈板着面孔不见一丝和缓之色，靠在柜台上一言不发。

挨了骂的小姑娘悄声地把前因后果告诉了齐继水，然后便诉苦：“老板，这个女的蛮不讲理，这事不能怪我呀。”

齐继水了解自己的店员肯定不是那种会先挑起争端的无理之人，于是听完小姑娘这一番话，便点了点头，打发她进里屋拿东西去了。然后自己又走到郑大妈身边，请郑大妈到桌边坐下。

齐继水不紧不慢地对郑大妈说道：“大妹子，咱们都是文明人，没必要为了一点儿小事儿就伤了和气，有什么事儿咱坐下来好好解决就是了，何必跟我们这儿的小姑娘一般见识呢？大妹子你就消消气吧。”

听了这话，郑大妈态度稍微缓和了一些。于是齐继水又再说道：“大妹子，大家是抬头不见低头见的邻居，什么事都好商量。我知道你的来意，过年了，总想有身体面点的衣服穿，你要是看上了别的店里卖的衣服，不想要我们这儿做的衣服了，您就直说，这是小事一桩。”

齐继水不等郑大妈开口辩解，马上就叫了另外一个售货员去把郑大妈当初的押金和已经做了大半的衣服拿了过来。

齐继水指着那件做完大半的衣服说道：“当初咱们可是商量好了是两个礼拜的时间，到时候准时交货，现在刚过去一个礼拜你就过来嫌我们做得太慢，可有点儿说不过去。这话要是传了出去可是砸了我们这家店的招牌。不过您既然非要退，那我们好商量。现在这衣服料子都买好了，也已经做上了，所以这料子肯定是退不回去了，不过剩下的押金我们可以退给你，但是这料子钱我们得留下。你说这样成不成？”

郑大妈这下脸上的表情变得有些难为情，人家齐继水说的句句在理，很明显是自己理亏了，人家已经做出了很大让步了，自己也就不好意思再纠缠下去了。她从齐继水老爷子手里接过钱，也不好意思再多说什么就急匆匆地走了。齐继水老爷子并不在意之前郑大妈的表现，仍然含笑挥手将郑大妈送出店外。

从此以后，在街里街坊聊天的时候，郑大妈从没说过一句裁缝店的不是，还经常跟别人夸赞齐继水为人通情达理。就这样，齐继水的店里生意还是一如既往的好。

与人相处的时候难免与人有口舌之争，然而聪明的人以和为贵，尽量避免争论，赢得别人的好感，那么在建立人脉的时候，就不再孤立。所谓“宰相肚里能

撑船”，别人生气的时候你不生气，不计较别人的恶语相向，反而以礼相待，自然你也就可以用温和的言辞摆平对方激愤的情绪。这样子就不会得罪人，自然也就不会破坏自己辛苦建立的人脉关系网。

二、忍一时风平浪静

懂得维护人脉资源的人，从来不会因为逞一时口舌之快而让自己迅速陷入僵局。特别是对他人恶意的攻击，更应该尽量忍耐，选择沉默不语，以此来避免尴尬。否则就会落入对方设计的圈套，给被人留下“话柄”，将自己推向被动的地位。

夏文丽在元旦大甩卖期间买了一件外套，可是由于不合身所以决定去退货。当她走进这家店的时候，柜台前挤满了顾客，售货员正忙得不可开交。夏文丽对售货员说自己要退货，售货员头都没抬，就直接告诉她衣服售出后概不退换，然后就去为其他顾客服务了。

这让夏文丽顿时感觉尴尬不已。但是夏文丽并没有气恼，反而一声不响地拿着衣服在柜台前等候。几分钟后，售货员从她面前走过去，看见夏文丽面带微笑，依旧在等待。

但是售货员仍旧只顾在柜台前忙碌，并没有理睬夏文丽。夏文丽还是沉默不语地站在那里继续等待着。又是几分钟过去了，这时，售货员什么也没说，走过来拿起夏文丽的衣服走了。

几分钟过后，售货员拿着退货钱回来了。

夏文丽的沉默不语化解了自己和售货员之间的尴尬，而且得到了回报。如果她高调地大吵大闹，也许什么也得不到。

在如今这个浮躁的社会，人往往不善于保持沉默，而片刻的沉默却总会产生奇特的效果。

“说”，让你的心思袒露无遗；“不说”，让人琢磨不透。沉默不语不是屈服和退让，而是一种暂时的缓兵之计，为了给对方时间让其镇定下来。当心平静的时候，所有的问题就不再复杂，就会处理得得当。

另外一位女士的经验也同样证明了这一点。

刘欣雨的丈夫由于工作繁忙，在第一个孩子出世的时候，对她们母子俩都有点疏远。孩子出生几周以后，刘欣雨感到身心俱疲，时时都想要大发雷霆。

一天，她实在忍不下去了，于是便给丈夫写了封充满怒气的信，但是信写完了之后却没有把信拿给丈夫看。她依然像往常一样，保持着平静的态度，对丈夫的疏远保持着沉默与隐忍。

第二天，丈夫居然提出要给婴儿换尿布，并且对刘欣雨说：“我想我现在应该学会做这些事了。”

刘欣雨听了喜出望外，赶紧趁丈夫不注意把那封信给撕了。尽管刘欣雨不知道丈夫为什么会改变想法，但她还是非常高兴自己没有因为一时的冲动而犯下错误，暗自庆幸自己对这件事保持了沉默。

此后，刘欣雨的丈夫也一直对她和孩子很好，无微不至地照顾着他们母子俩。

当初，正是因为她的沉默，丈夫才有了思考的时间，一场争吵也就这样避免了。

在日常的人际交往中，每个人都会遭遇很多的争论，造成心与心的嫌隙。在那些自以为是的争论中，我们竭尽全力地维护那些并不全面、并不成熟的观点。对那些无关紧要的问题不足称道的异己意见，我们给予太隆重的对待。一场狂风暴雨般的唇枪舌剑过后，我们得到的仅仅只是心烦气躁，失去的却是或许本应该亲密无间的人际关系。这就是我们善于以自我为中心的人类过分地相信自我的标准。

所以在往后的日子里，我们不能再纠结在那些嫌隙与隔膜上，而是应该心怀感恩，这样既避免了一场争吵，又不伤和气。如果人际交往中都可以做到这样子，你的人脉圈自然也就会和谐许多。

三、宰相肚里能撑船

历史上，凡是拥有大气量的人，大都最后能够成就大事。因为他们总能容人所不能容、忍人所不能忍。正是这些人的大气量，让他们在为人处事上更加圆滑、更加和气，于是便拥有了极好的人缘。而后，伴随着好的人际关系，他们的事业也是如日中天。

有人说，在美国，甚至在全世界，“洛克菲勒”这4个字象征着权力和金钱，没有人会不知道洛克菲勒。

当年洛克菲勒用几千元起家，创立了标准石油公司，一直到最后建立了全美最大的石油垄断财团。当年在业绩最辉煌的时候，他的财团甚至占据了全美石油市场的95%，所以他被人们誉为“石油大王”。

然而他之所以能够取得这些骄人成绩，全都离不开他的大气量。

洛克菲勒是一个气量非常大的人，尤其是在使用人才时有很大的气度。他很重视人才，只要对方有才，即使是敌人，他也会尽力邀请对方。而且他和下属的关系也非常融洽，他经常真诚地夸奖下属的办事能力。这样的老板又怎能不让下属信服呢？这些都是他事业成功的秘密之一。

贝特福是洛克菲勒的一个合作伙伴，有一次，他在南美经营一笔生意失败了，使公司损失了100万美元，为此贝特福感到非常内疚。

一天下午，他在路上走着，发现洛克菲勒和亚吉波多两位先生在后面。贝特福一想到自己做生意失败的事情就害怕起来，他不知如何向洛克菲勒解释，于是就加快了脚步向前走，他实在不想也不敢与洛克菲勒详说南美失败的情况。

可是洛克菲勒还是发现了他，于是在后边叫住了他。洛克菲勒快步走到他面前，没有任何批评和嘲讽之词，而是在他的肩膀上真诚地拍了拍，说："贝特福，我们刚才听人说了你在南美的事。"

贝特福心里一下子紧张起来，以为洛克菲勒准备要责备他，于是马上说到："那实在是一笔很大的损失，我们只保全了60%的投资。"然后就站在那里一动不动，等待着洛克菲勒的批评。

可是他没想到，洛克菲勒居然带着赞美的口吻向他说道："不错了，那已经难能可贵了。全靠你处理有方，才能替我们保存这么多投资，能做得这么好，这真的已经出乎我们的意料了。"。

寥寥几句就使贝特福终于放下了心理包袱。

从此之后，贝特福更加努力地工作，经营得更细心，为标准石油公司作出了巨大的贡献，以此来表达自己对洛克菲勒的感激和忠诚。

通常如果一个员工为公司带来了这么大的损失，上司一定会勃然大怒，立刻把他开除，甚至还有可能会用法律手段让犯错的员工赔偿损失。然而洛克菲勒并没有这样做，而是用他的大气量"以德报怨"，从而使贝特福知错而改，之后为公司作出了巨大的贡献，使得这次的失败转化为日后的收获。

洛克菲勒的这种做法将宽容的精神发挥到了极致，而且由此收获了贝特福的忠诚和感激，在两人之间建立了牢固的人脉。

每个人的气量大小都各不相同，所以也就使得每个人在为人处事时的状态大不相同，进而决定了每个人命运的千差万别。有气量就是低调的一种表现，那些成功人士并不是命中注定有多么好的运气，而是因为他们有着不同凡人的大气量。气量大，人脉自然就广，这样也就为成功打下了坚实的基础。

感情用事，往往都会得不偿失。气量大一点，做一些合理的、适当的、理智的让步，会将有助于你获得更多人的支持。

四、化干戈为玉帛

在这个社会上，人与人之间总会因为个性、立场、利益等等的各种原因而产生很多的矛盾，相互之间难免会产生一些误会和分歧。而这些误解和分歧如果不能够合理地处理，就有可能会带来纠纷、冲突和伤害，继而影响到自己的人脉，给生活和工作带来很多负面的影响。

“和为贵，忍为高”是我国自古以来为人处事的精髓，这是古人所崇尚的人际交往的准则。一个人如果想要在人际交往中留下一个好的口碑，就要有宽容的精神。对于那些宽容的人来说，即使是一件很容易引起纠纷的事情，也会被他们容忍的微笑与沉默化解于无形。无论多么尖锐的矛盾，都可以发挥宽容的精神，息事宁人，化干戈为玉帛。宽容可以帮助我们建立更和谐的人脉网，所以我们要学会宽容。

宽容别人，绝不是面对现实的无可奈何。在短暂的生命历程中，学会宽容，意味着你的人生更加快乐。

法国19世纪的文学大师维克多·雨果曾说过这样的一句话：“世界上最宽阔的是海洋，比海洋更宽阔的是天空，比天空更宽阔的是人的胸怀。”雨果的话虽然浪漫，但很有现实意义。

但“宽容”这两个字说起来容易做起来难，人的一生常常碰到个人的利益受到他人有意或无意的侵害的情况，如果我们选择了宽容，那就意味着我们要为此牺牲自己的利益。这样的代价，对于很多人来说是无法接受的。

可是，小不忍则乱大谋，为了一点小利益而去争斗，那么付出的代价恐怕更大。因此，一定要学会宽容和忍让，不要因小失大。要知道，对事对人都宽容一点，也许会让你获得更多的人脉。

牛根生从事乳业几十年，于1999年创办蒙牛乳业集团，2002年成为中国十大创业风云人物之一。当年他在“一无工厂，二无奶源，三无市场”的困境下开拓进取，使现在的蒙牛“一有全球样板工厂，二有国际示范牧场，三有液态奶销量全国第一”。

牛根生对人对事的宽容是让许多人都非常叹服的，所有和他工作过的人都见识过他“忍人所不能忍”的那种宽容、大度的为人处世之道。

牛根生在创建蒙牛及乳业集团之前曾经在内蒙古伊利集团里担任副总裁，他对工作可谓是尽心尽力、呕心沥血，做事冲劲十足，创造了卓著业绩。但是他的能力却为企业有的人所不容，所以在公司里处处受到排挤。

如果是别人的话，早就已经火冒三丈了，然而牛根生并没有因为一时冲动而做出什么会让他后悔的举动，而是选择了宽容地隐忍了下来。

后来牛根生等到合适的时机便毅然辞职，独立门户，创建了蒙牛乳业集团。在蒙牛集团的管理中，他也一直遵循宽容待人的原则。

一开始，牛根生的蒙牛乳业集团与他原供职的内蒙古伊利集团在同一个城市里，而且经营项目又是同一类产品，所谓“同行是冤家”，更何况这又正是冤家路窄。

内蒙古伊利集团财大气粗，对刚刚成立没多久还很弱小的蒙牛乳业集团进行了强烈抵制，甚至还威胁每一个经销商绝对不能经销蒙牛乳业集团的产品，否则就取消其对内蒙古伊利集团产品的经销权。

然而牛根生面对这一过分的责难选择了隐忍，因为他知道，要想成就大事业就必须对人对事都采取一种宽容的态度，这一点在他之前还在内蒙古伊利集团担任副总裁时就已经学会了。

可是事态愈发严重，1999年5月1日，蒙牛乳业集团在呼和浩特市的四十多块广告牌一夜之间全被破坏。蒙牛乳业集团最初曾悬赏缉拿凶手，但最后一无所获，后来还是一个以前认识牛根生的同行给他打电话说明了真相："是我砸的，没办法，我要不砸就会被开除回家。"后来这种暴行遭到媒体的一致谴责。

按常理来说，牛根生作为蒙牛乳业集团的创始人，看到自己的企业被别人这样肆意挑衅，他应该火冒三丈、怒不可遏。但是牛根生并没有滋生事端，反而又做出了让人意想不到的决策，他继续选择了忍让，不再追究，也不去争辩是与非，试图用宽容的态度化解一切恩怨。他艰难地建立和完善了自己的经销网络，并专注于自己的产品开发和销售。

牛根生宽容的做人原则，最后真的给蒙牛乳业集团带来了巨大的人气和销售量的大幅上涨。因为蒙牛乳业集团产品的品质逐渐得到了媒体和消费者的认同，而且凡是他有过接触的经销商们都非常佩服他的度量，愿意与他倾力合作。依靠自己的宽容大度，牛根生赢得了人们的好感以及重要的人脉关系网，成功自然水到渠成了。

宽容和忍让能换来甜蜜的结果，这句话是非常正确的。试想一下，如果牛根生在每个矛盾处都走极端，和别人斤斤计较、明争暗斗，那么肯定早就把所有的人脉都得罪光了，自然也就不会有如今被千家万户认可的蒙牛乳业集团了。

而在我们的生活中，人们常常会因一时的矛盾而头脑发热，做出冲动的事情。这就会丢掉了朋友，失去了人脉，最终落得一个"难相处"的恶名。因此，身处逆境之时，应通晓时事，沉着待机，这才是智者的做法。

宽容，对人对己都可成为一种不用投资便能获得的"精神补品"。学会宽容不仅有益于身心健康，而且对赢得友谊，保持家庭和睦、婚姻美满，乃至事业的成功都是必要的。因此，在日常生活中，无论对子女、对配偶、对老人、对学生、对领导、对同事、对顾客、对病人……都要有一颗宽容的爱心。宽容，往往折射出待人处世的经验和艺术。宽容不是软弱，而是良好涵养的无言表达。

相传古代有位老禅师，一日晚在禅院里散步，看见墙角边有一张椅子，他一看便知有位出家人违犯寺规越墙出去了。老禅师也不声张，走到墙边，移开椅子，就地而蹲。少顷，果真有一小和尚翻墙，黑暗中踩着老禅师的背脊跳进了院子。当他双脚着地时，才发觉刚才踏的不是椅子，而是自己的师傅。小和尚顿时惊慌失措，张口结舌。但出乎小和尚意料的是师傅并没有厉声责备他，只是以平静的语调说："夜深天凉，快去多穿一件衣服。"

老禅师宽容了他的弟子。他知道，宽容是一种无声的教育。

宽容是一种智慧，看似是一种失去和牺牲，实则是因小得大，获得了更多的利益。总而言之，恰当的理智，适宜的忍耐，合适的行动，是人际交往时智慧的表现。

这就是"宽容"的魅力，使每个人更加具有坚韧的品质，它会带给人们意想不到的收获。无形之中赢得了友情和人脉，从而为自己的事业奠定坚实的基础。

三国时，诸葛亮初出茅庐，刘备称之为"如鱼得水"，而关羽、张飞两兄弟却不以为然。在曹操军队突然来犯时，兄弟俩便"鱼"呀"水"呀地对诸葛亮冷嘲热讽。诸葛亮胸怀全局，毫不在意，仍然重用他们。结果新野一战大获全胜，使关、张兄弟佩服得五体投地。如果诸葛亮当初跟他们一般见识，争论纠缠，势必造成将帅不和，人心分离，哪能有新野一战和以后更多的胜利呢？

真正的宽容，应该是能容人之短，又能容人之长。宽容的过程也是“互补”的过程。别人有此过失，若能予以正视，并以适当的方法给予批评和帮助，便可避免大错。自己有了过失，亦不必灰心丧气，一蹶不振，同样也应该吸取教训，引以为戒，重新扬起工作和生活的风帆。只要你具备了真正的宽容，必能收获众人的敬佩，巩固人脉，使自己受益匪浅。

海纳百川，有容乃大——宽容是建立人脉关系网所必须掌握的技巧。

五、以和为贵，以德服人

一个人只有做到了宽容，做到以和为贵、以德服人，才能够把握住自己的人脉网，获得更多成功的机会。其实宽容待人可以帮助我们抑制冲动，一个宽容的人，是一个时时懂得忍耐的人，忍耐，就可以抑制冲动。

美国一位来自伊利诺伊州的议员康农在刚上任的时候就受到了另一位代表的嘲笑：“这位从伊利诺伊州来的先生口袋里面恐怕还装着燕麦呢！”

这句话的意思是讽刺康农身上还有一种农夫的气质。虽然这句嘲笑他的话让他非常尴尬，但是康农并没有发怒，而是从容不迫地回应道：“我不仅口袋里有燕麦，而且我的头发里面还有草屑呢。我是西部人，所以难免有一些乡土气息，可是我们那里的燕麦和草屑却能够生长出最好的苗来。”

由于康农并没有恼羞成怒，反而是很好地控制了自己的情绪，以德服人，并且顺水推舟，借着对方的话做出了很好的回答。这种做法不仅没有让他受到嘲笑或是有什么损失，反而使他从此闻名于全国，人们都恭敬地称呼他为“伊利诺伊州最好的草屑议员”。

要做到以和为贵，就要放弃自己的面子，用宽容的态度换来更加和谐的人际关系。以和为贵的人不愿意和别人斤斤计较，也不愿意和别人争强斗胜，在自己

利益受到损害时总能按捺住报复的冲动。

许自宏曾经因为一些生意上的事情请了一位律师，但是后来他又因为觉得这位律师收费过高而感到很不开心，于是他直接给这位律师写了一封信，在信中把自己的想法如实相告。

可是信寄出去以后，他才觉得自己写这封信的时候太冲动了，说的话太刻薄了。于是他又给律师打了一通电话。

可是这时律师已经看完了那封信，他勃然大怒，在电话里奋起反击。

于是许自宏赶忙对律师说道："真的很抱歉写了那封有欠考虑的信，我真不应该那样做，我为我的话向你道歉。你有权利发火，我只是希望请你谅解我。"

听了这话，律师沉默了一会儿，然后说："没关系，许先生。我真的很佩服你的直白以及你用于道歉的勇气。我的收费可能的确高了一点，我也应该向你道歉。过两天我的秘书会跟你联系，重新商议一下收费的问题，我希望我们以后还可以继续做朋友，好么？"

以和为贵、以德服人是一种对别人的尊重和理解，可以避免无数的冲突和纠纷。要知道，合理的、适当的、理智的让步，必将有助于矛盾的消除和事情的解决。

首次获得诺贝尔化学奖的范特霍夫提出碳原子的新理论之后，遭到了德国有机化学家哈曼·柯尔比的强烈反对。

范特霍夫当众表示："科尔比老先生的宏论，从头到尾都没有推翻我研究出来的铁一般的事实。"

科尔比听到这话，怒气冲天，不远千里赶到荷兰找范特霍夫辩论。当科尔比怒气冲冲地踏进范特霍夫的办公室时，范特霍夫非常热情地招待了他，冷静而谦逊地阐述了自己的观点，结果使科尔比消除了误解。两位科学家从此“化敌为友”，欣然携手合作。

常言道：“忍”是心头上一把刀，遇事不忍必烦恼；若能忍得心头气，海阔天空看明朝。能忍方能心平气和，能忍方能抑制冲动，能忍方能立于不败之地，能忍方能转危为安，能忍方能方能逢凶化吉，能忍方能广结人缘。

第四节　示弱，满足对方的虚荣心

而想要抓住好人缘，学会放低自己的姿态是重中之重。只有自己先放低自己的姿态，别人才能愿意走近你，走近你才能了解你，了解你才能逐渐成为你的朋友，你的人脉。中国人爱讲面子，面子这东西关乎人的尊严和虚荣心。万一处理不好，就会变成一种阻碍自己前进的障碍。而学会如何给他人面子就变成了一门学问。想要自己的人脉圈更加牢固、更加广泛，就是要学会给别人面子，给别人面子就是给自己面子，学会给他人面子尤为重要。

一、人人都爱高帽子

社会的门楣有高有低，只有以谦卑的姿态行走其间，才能顺利通过所有的门庭。这种谦卑的姿态就是向别人示弱。

这并不是教人们在交流中不惺惺作态，也不是让大家矫饰自己，而是要用一个谦卑的态度去为自己赢得更多人的好感，借此拓展自己的人脉圈。

一位纺织厂的总工程师，听说本市的另外一家同行企业，新上了两条新的流水线，生产出来的产品不仅因为质量好而在国内大受欢迎，而且还远销海外。他很想就这两套设备的机械技术方面的问题做一次深入了解，以便他们厂也能够上几条这样的流水线。于是，他决定去拜访那家企业的厂长。

然而他第一次去拜访那家企业的厂长时，就遭到了对方那个厂长的婉言谢绝："对不起，这套设备的制作图纸是花钱买来的，至于一些技术上的问题，还属暂时保密。"

工程师听到人家这么说，也不好意思再多纠缠下去，只得非常失望和沮丧地回家去了。

回家之后，他越想越觉得不能够就这样轻易放弃。于是他开始研究怎样才能够打通与那位厂长的关系，后来他了解到那位厂长在全面质量管理上做过很多研究。于是他决定从这上面入手，既可以打开对话，又可以透过这一管理形式旁敲侧击一下机械技术方面的问题。

于是，过了几天，工程师又去找那位厂长了，不过这次他可是有备而来。他准备带着低调的态度和谦虚学习的心态，假意向这位厂长讨教全面质量管理方面的问题，实则旁敲侧击地探寻有关机械技术方面的问题。

工程师刚一到，那位厂长见他只隔两天就又来了，不禁心里觉得有些不悦，但是基于礼貌还是客气地请他入座。

工程师刚一坐下就赶忙发问："厂长，日本自20世纪60年代推行全面质量管理以来可是取得了丰硕的成果，听说您在全面质量管理上是个专家，我早就想在这方面向你请教了。"

厂长一听他并非因为机械技术方面的事情而来，显得很惊讶："我哪儿算得上是什么专家啊，不过是因为我在省内算是搞全面质量管理搞得比较早的，所以笨鸟先飞罢了。"

厂长开始时的那种戒备心理似乎逐渐消失了一样，脸上也微露出快慰的笑容，

"我搞全面质量管理有几年的功夫了，你要是有什么不懂的尽管可以问我。"。

"那您能不能向我推荐一些有关这方面的专著和文章啊？这样我也能对全面质量管理有所了解。"工程师恭恭敬敬地掏出了笔记本和钢笔，看起来像是非常真心诚意地请那位厂长指教。

厂长一看他这么有诚意，于是愉快地和他谈了起来，而且越谈越投机，不仅热情地给他介绍了好几本这方面的专著，并向他详尽地介绍了这几本书的特色和有关章节。接下来，厂长又与这位工程师具体地谈了许多他们厂进行全面质量管理的方法和措施，甚至讲到了他决策和用人方面的一些做法和设想，当然也提到了工程师真正想要了解到的有关机械技术方面的问题。

他们一直聊了很久，直到最后分别的时候，厂长还热情地拉着他的手说："我很高兴能认识你，希望你在有空的时候，到我家中小叙。"

工程师正是以一种谦卑的态度，给那位厂长戴了一顶高帽子，不但获得了自己所想知道的东西，也交到了一位朋友。

示弱是一种务实的战略指导方针，是一种大智若愚的生活态度，也是一种修养。深谙人际交往诀窍的人，懂得放低自己的姿态，虚心向别人求教。人都是好为人师的，没有人会拒绝给一个谦卑的人当老师的。所以当你满足了别人这种爱戴高帽子的心理之后，自然也就让对方对你产生了好感，你们之间的人脉关系也就逐步走上正轨了。

二、甘于做对方的绿叶

在与人交往的时候，聪明的人往往会在交际中隐藏智慧。他们不会让自己看起来似乎高人一等，那样的盛气凌人只会招惹来别人的反感。真正聪明的人懂得要千方百计地显示出来自己甘当绿叶的低调，巧妙地获得对方的认可与信任。

很多懂得明哲保身的人都懂得这个道理，越是首当其冲的就越是先中箭，所以富翁从来都不到处张扬自己家财万贯，政要也不会四处炫耀自己权倾朝野。他们都更喜欢躲在别人后面，把自己的光芒放淡，这样才不至于得罪人，也更有助于人脉圈的维护。

而那些反其道而行之的人，总是大肆张扬自己的丰功伟绩，往往就会成为众矢之的，不仅被人孤立，甚至有可能无法自保。

在美国《财富》杂志首次选出的“亚洲二十五位最具影响力的企业家”排行榜上面，一位名不见经传的女士——何晶，与索尼集团行政总裁出井伸之、日本丰田汽车社长张富士夫、香港和记黄埔和长江实业有限公司董事长李嘉诚等人一同出现在榜单中，排在第十八位。然而这位何晶女士的影响力可并非就只有这样而已，在最近的一次排行榜——《财富》杂志评选出的“2011年亚洲最具影响力的二十五位商界领袖”中，何晶已经上升至第十四位，甚至领先于韩国LG集团董事长兼首席执行官具本茂、中国百度公司董事长兼首席执行官李彦宏、日本本田汽车公司首席执行官兼总裁伊东孝绅等人。

这个何晶究竟是何方神圣呢？其实她是新加坡官方最重要的一家投资公司——淡马锡控股公司的执行董事，同时也是新加坡总理李显龙的妻子。

淡马锡控股公司成立于1974年，旗下拥有包括新加坡航空公司、新加坡电信、新加坡发展银行、新加坡动物园等大型企业，掌管着新加坡数百亿美元的资产，这些资产遍布全球各地。

尽管何晶的身份如此尊贵，但却鲜少得到世人的关注。这主要是因为何晶虽然精明能干，却始终默默地站在丈夫的背后。随着新加坡总理李显龙正式宣誓就职，作为李显龙夫人的何晶也“被迫”在媒体面前曝光，走到了新加坡的政治前台。她曾在美国接受电子工程教育，在经商的同时也是一位出色的政府学者，可她并不希望自己在媒体面前过度曝光。所以对于她的身世和成就，在新加坡鲜为人知。

新加坡这个国家虽然不大，但却是亚洲的一个经济强国。然而何晶希望媒体的焦点能够更多地在丈夫身上，自己就只要作为映衬红花的绿叶，默默地在丈夫背后支持他，所以作为新加坡这个亚洲经济强国的第一夫人，又身为一个商业女强人，她平时的装扮极其简单，衣着非常朴素。

当年何晶在1985年嫁给李显龙的时候，正在新加坡的国防部任职，而李显龙则是刚从军中退役的一名准将。在何晶接受媒体采访时曾经表示，自己从来不后悔成为李显龙背后的女人。

这样的奉献精神，不仅赢得了丈夫的爱，更是赢得了新加坡千千万万国民的褒奖。

那些懂得经营人脉的人从来都不会过分追求气势和排场，因为他们明白，一个人的名声是靠自身的修养、成就、才华、能力等带来的，一旦表现出狂妄自大的态度，这些努力所换来的名声就有可能被败坏，这样最直接的影响之一就是会给人脉网带来负面的效应。毕竟居功自傲、飞扬跋扈的人是不会在人际交往中受欢迎的，所以这种人通常也不会有什么作为。

有的时候人要甘于平淡，因为做人不可以太过盛气凌人。这并不意味着别人就会把你看做是卑微、无能的人，反而那些自视甚高的人、喜欢时时刻刻都表现出自己才能的人，反而有可能功亏一篑、前功尽弃。

英格丽·褒曼因为在《东方快车谋杀案》中的精湛演技而获得最佳女配角奖，但是在她领奖的时候，她却一再地称赞与她争逐最佳女配角奖的弗沦汀娜·克蒂斯，她认为真正的获奖者应该是这位落选者。她十分真诚地对弗沦汀娜·克蒂斯说："原谅我，弗沦汀娜，我本来没有打算获奖的。"

褒曼获得了最佳女配角奖，然而她并没有喋喋不休地夸耀自己的辉煌成绩，而是对差点抢走自己奖杯的对手推崇备至，这既维护了对方的面子，也显示了自己豁达的胸襟。恐怕她的对手也会为她的胸襟深深折服。

那些愿意为他人作陪衬的人，并不一定就都是卑微的人，也许这正是他们获得更多人气的一种途径。

第五节　人人都期望赞美

赞美得当，可以为自己营造一个良好的人际关系氛围，减少自己在生活与工作中的障碍。

学会赞美别人，是巩固自己人脉网络的一种途径。努力去挖掘他人的闪光点，更是让自己明哲保身、立足于社会上的一种方式。

每个人都有得到别人和社会认可的期望，而赞美正好是一个人通过语言或行为，来表达对他人优点和长处的肯定和喜爱。要知道赞美胜于批评，赞美也是一种维护人际关系的绝佳方法。

但是，人一生遇到的所有情况不可能都尽如人意，免不了会有想批评别人的冲动。这时，一定要记住，即使批评也要学会婉转地批评。婉转地批评可以让别人接受你的意见，还不会得罪别人。

无论是赞美还是婉转的批评都是一种手段，帮你建立良好的人际关系，从而开拓自己事业的一种手段。这种手段不同于其他，它更富有积极的正面力量，从而也更让人接受。

要学会多赞美别人，但迫不得已时也要学会婉转地批评。这些都属于赞美人的艺术。你对上司说赞美的话，是对他的尊重，他一定会高兴，对你便有好感；对上司婉转地提出批评，是对他的真诚建议，他也一定会接受，对你更信任。

一、人人都需要赞美，你我都不例外

懂得人际交往的人往往会把别人最需要的东西慷慨地奉献出来，因为他们懂得有时给予也是一种获得。赞美别人的实质就相当于“送人玫瑰，手留余香”，虽然是给别人的礼物，但却是自己人际关系上的一种投资。更何况这种投资不需要真正的钞票，而只是语言。

每个人内心深处最持久、最深层的渴望便是对赞美的渴望。适度的赞美不仅可以表达自己对别人的尊重，更重要的是可以提升你的交际气场，赢得别人的好感。

当然，同样的话，对于不同的人的效果也是不同的。一个真正懂得赞美诀窍的人，知道抓住人的心理，针对每个人的不同特点说不同的赞美之词。

几个朋友聚在一起小酌，酒席上觥筹交错之际，王永波问季玉忠：“老季，你最近有没有新出版什么大作啊？”

还没等季玉忠答话，对面的徐建光就把话接过来，“老王你这还用问么，老季他才思敏捷、文采过人，而且为人又勤劳，一直都笔耕不辍，怎么会没有大作出版呢？”

季玉忠听了之后心里十分开心，但是嘴上还是谦虚道：“徐哥你这就严重了，我也不过就是平时随便写写而已，几篇文章，哪儿比得上你的买卖那么厉害啊……”

就这样，几个人聊得不亦乐乎，酒桌上不停地传来开怀的笑声。

“见人说人话、见鬼说鬼话”是一种生存的技能，他可以使你获得更多意想不到的效果。其实在现实生活中也是如此，多赞美别人就可以让别人心情愉悦，该计较的也会不计较了。不要以为赞美别人是一种付出，从“能量转换”的观点来说，这其实是一种能量的转换，对别人赞美的时候，你已经获得了更多的帮助和肯定。

有一位母亲在和别人聊天的时候聊到了自己的儿子。她的儿子有一个简单的不能再简单的要求，就是想请求他母亲为他买一条牛仔裤，但是又怕会被母亲拒绝，因为他已经有一条牛仔裤了，而且就是不久之前买的。

在这种情况下母亲是不可能同意他的要求的，于是儿子就采用了一种特殊的方式。他并没有像其他的孩子那样苦苦哀求母亲，也没有撒泼耍赖，只是用一本正经的态度对母亲说：“妈妈，我知道你是这个世界上最好的妈妈，你有没有见过一个男孩子只有一条牛仔裤？”

这个听起来很天真可是其实内含“阴谋”的问话一下子打动了他的母亲。后来这位母亲谈起来这件事的时候说出了自己当时的感受，“儿子的话让我觉得如果我不答应他的这个要求的话，那我就有点儿对不起他。哪怕我在自己身上少花点儿钱，我也不能让我儿子受委屈。”

一个小孩子，只用一句话就说服了自己的母亲，满足了自己的需要。他先是夸赞了母亲，然后又从这句赞美出发，让母亲觉得儿子的要求是合情合理的，然后欣然同意。

这种事例在日常生活中还有很多，也许当事人自己都没有感觉到有什么特殊之处，但是的确行之有效地达到了目的。赞美就是你求人办事的最佳武器。

犹太人有一句话，每个人都应该牢记于心：唯有赞美别人的人，才是真正值得赞美的人。今天哪个朋友换了一个新发型、买了一件新衣服，你不妨赞美他两句，这样他听起来就会很受用，而且一定会心存感激，对你产生好感，进而拉近你们的关系。

你从嘴里吐出字字赞美的话，如一粒粒珍珠，挂在胸前。它令你的人际关系和谐、喜悦，更加融洽。从这种角度上说，赞美别人，也就是在帮助自己。

二、溢美之词永远不嫌多

赞美，是认可别人劳动成果，肯定别人价值的表现。同事之间相处久了，就会忽略对方的优点，反倒对彼此间的缺点很敏感，这是使工作陷入困境的征兆。多赞美同事的优点，是增进彼此关系的一个有效润滑剂。

从社会心理学角度来说，赞美也是一种有效的交往技巧，它能有效地缩短人与人之间的心理距离。工作中，一句由衷的赞美，无形中就会增加同事对你的好感，拉近你们之间的距离。

姚琳琳剪了一个新发型，她非常不满意，几乎和理发师当场吵起来。当她极其不安地到了公司的时候，有一个同事看到她之后便称赞她发型的清爽和简洁。在这位同事不停的赞美声中，姚琳琳的怨气一股脑儿全消了，心情变得大好，而且对这位平时并没有太多交流的同事产生好感。

慢慢地，两个人成了好朋友，在工作中经常互相帮助。姚琳琳没有意识到的是，同事的一句赞美之词，在两个人之间架起了人脉的桥梁。

赞美是一种行之有效的交往技巧，它能够有效地拉近人与人之间的心理距离，使彼此迅速地产生沟通的愿望。美国有一位心理学家指出："渴望被人赏识是人最基本的天性。"既然渴望赞美是人的一种天性，那我们在工作中就应当学习和掌握好这一智慧，让你在同事面前变得受欢迎，渐渐你在他们心中的地位就会上升，这无疑对你以后在职场里的发展大有好处。

一位著名企业家说过："促使人们自身能力发展到极限的最好办法，就是赞赏和鼓励。"如果我们想搞好与别人之间的关系，就需要多去发现别人的优点、成绩，而不能只顾自己的功劳。

当然，我们对人的赞美是有原则的，是发自内心的真诚的表现，而不是曲意逢迎。所以我们的赞美一定要有真实的情感。这种情感包括对对方的情感感受和自己的真实情感，这是要发自内心的。有了这样的基础，我们赞美起别人来就会显得自然和真诚，不会给人虚假和牵强的感觉。

而且用词要得当。在赞美别人的时候要根据不同人的性格来使用赞美语言，对待城府深的人，赞美要点到即止；对待性格活泼外向的人就不要吝啬赞美的词汇，多夸奖对方会让他很开心。

同时，注意观察对方的状态是很重要的一个过程。如果对方恰逢情绪特别低落，或者有其他不顺心的事情，过分的赞美往往让对方觉得不真实，所以一定要注重对方的感受。

总之，真诚而又有技巧地赞美身边的人，不仅会让他们增加对你的好感，而且也会给你自己的事业、生活带来便利，使彼此的心情都能够变得愉悦、轻松，交往起来也格外容易。这样，你就能轻松地建立自己的人脉网了。

三、送人玫瑰，手留余香

美国第十六届总统亚伯拉罕·林肯说过："人人都需要赞美，你我都不例外。"由衷地表达对别人的欣赏，就是对别人表示肯定和让自己留有谦虚态度的表现。这会让别人觉得你是一个低调的人，因为在别人的优点中，你在肯定了别人的眼光的同时也肯定了自己的气度。

赞美从一定意义上来讲是一种有效的情感投资。当然，有付出就会有回报。对陌生人的赞美，可以拉近彼此的距离，让对方把你当成自己人；对同事的赞美，能够联络感情，加深友谊，增强团队精神，让合作过程更加愉快；对领导的赞美，可以使他心情愉悦，开始重视你；对自己生意伙伴的赞美，可以使你赢得更多的合作机会，从而获得更多的利润。

会赞美别人的人，必定是一个受欢迎的人。

美国的商界奇才鲍罗齐就曾经说过："赞美你的顾客比赞美你的商品更重要，因为让你的顾客高兴你就成功了一半。"

一位精明的服装店老板看到一个穿着雍容华贵的女士在挑选衣服，于是便上前说道："太太真是好眼光，这是我们这里最新潮的款式，穿在太太身上一定会更漂亮的！"

就这几句话，这位太太就立刻眉开眼笑，马上打开钱包买下了这件衣服。

赞美是件好事，但却并非一件容易的事。大多数时候，我们送出去的赞美都是不疼不痒的，效果并不明显，因为我们常常赞美一个人身上最容易被人发觉到的闪光点，对此他们都已经很习惯了，不会产生特别的感觉。如果你能够发现对方身上不容易被人发觉的闪光点，并且对此加以赞美，那就一定能够收获奇效。

法国总统戴高乐访问美国时，在一次尼克松为他举行的宴会上，尼克松夫人费了很大的心思布置了一个鲜花展台，在一张马蹄形的桌子中间用鲜艳夺目的热带鲜花衬托了一个精致的喷泉。

戴高乐将军一眼就看出来这是主人为了欢迎他而精心制作的，不禁赞不绝口："女主人真是用心，这一定花了很多时间来进行漂亮、雅致的设计与布置。"尼克松夫人听了之后，喜悦之情溢于言表。

也许在别人看来，尼克松夫人布置的鲜花展台不过是他作为总统夫人的分内之事，没什么值得赞美的，但是戴高乐将军却能够领会到她的苦心，并因此向夫人表示了特别的肯定与感谢，从而也使尼克松夫人非常开心。

与其称赞一个人最大的优点，不如发现他最不显眼、甚至连他自己也从未发觉的优点。这个世界上没有人对别人对自己的赞美无动于衷，只不过有人会赞美他人，有的人不会赞美他人而已。大文豪萧伯纳曾说过："每次有人吹捧我，我都头疼，因为他们捧得不够。"

因此，多赞美别人，从而拉近你与别人的距离。你们的距离近了，事情也就好办了。

这个社会，没有人不喜欢被他人赞美。因此，多赞美别人总是给人一种好的印象。从社会心理学角度来说，赞美是一种有效的交往技巧，能缩短人与人之间的心理距离。可以说多赞美别人是一种很好的为人处事方式。

公司里，李胜文和顾雅欣两个人闹了矛盾。

一天，李胜文对她的同事曲培阳说："你去告诉姓顾的那个女的，我真不喜欢她的做事方式，请她以后改一改自己的坏脾气，否则我再也不会理她了。"曲培阳微笑着答应了，说道："好，我会处理好这件事。"

没过多久，当李胜文遇到顾雅欣的时候，果然觉得顾雅欣不再那么盛气凌人了，而且还主动地跟李胜文友好地打招呼。在工作中，顾雅欣也变得和气又有礼貌，总是很谦虚地向李胜文请教问题。与之前相比，简直是判若两人。

李胜文很是纳闷，就向曲培阳询问并表示自己的谢意："这件事真是谢谢你！不过你是怎么说服她的？"曲培阳笑着说："我只是跟顾雅欣说：'有好多人都夸奖你，尤其是李胜文。她总是在我面前说你又温柔又善良，不光人长得漂亮，脾气也好，人缘也好！'如此而已。"

每个人都喜欢听赞美的话，一味地责备和批评往往只会带来更大的愤怒和不满。如果你是一个低调的人，懂得低调的艺术，而且你的目的是为了让自己糟糕的状况得到改善，那么就试试赞美的方法吧，毕竟没有人会憎恶别人对自己的赞美。

总之，真诚而又有技巧的赞美，不仅会让人增加对你的好感，而且也会给自己的工作带来便利，使彼此的心情变得愉悦、轻松。

法国名人拉罗什富科说：“理智、美丽和勇敢的赞扬提高了人们，完善了人们。”

每个人都应该学会多说赞美的话，多夸奖别人，这样也可以让自己在这些赞美声中实现梦想。

人脉圈雷区

第七章

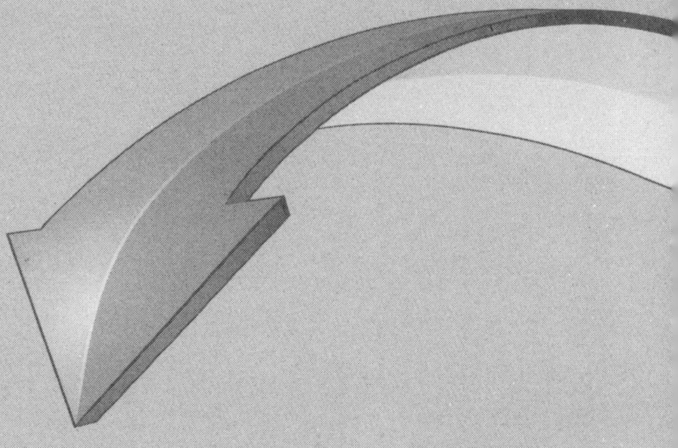

在社会上混，一旦得罪人，难免遭到打击报复，其代价不可估量。冤家一个都嫌多。正所谓得饶人处且饶人，何必害了别人又害己呢？每一个为自己事业奋斗的人都要明白这点，否则那些你得罪过的人很有可能成为你事业道路上的一块“绊脚石”。

第一节 没给人留够面子

中国人总是很讲面子的，也是很爱讲面子的！面子，在中国人的思想观念里，是很重要的！

每个人都需要有面子，每个人也都害怕失去面子。我们常看到人们时时处处不惜一切手段来捍卫自己的面子，有谁看到打破面子后会怎样？丢掉面子的人一是变得疯狂暴怒，二是变得不管不顾。无论走到哪个极端其实对周围的人来说都很不幸。

聪明的人肯花心思维护别人的面子，把自己的人脉关系网经营得越发和谐。

一、人要脸，树要皮

为人切记“闲谈莫论人非”，做事尽量顾及他人感受。人存在社会上，要扮演各种角色，特别是在互相的交往中，需要一定的尊严支撑，这是人性的弱点。明白了这点，才能体会到面子的必要性。给人面子了，人家自然对你有好感，那么你的人脉网的建立自然也就会顺风顺水。

俗话说：打人莫打脸，骂人莫揭短。在中国，“面子”是一件很重要的事，为了“面子”，小则翻脸，大则会闹出人命。中国人可以吃闷亏，也可以吃明亏，但就是不能吃“没有面子”的亏。如果你不顾别人的面子，总有一天会吃苦头，因此，成熟的人从不轻易在公开场合说别人、尤其是上司的坏话，宁可高帽子一顶顶地送，既保住了别人的面子，别人也会如法炮制，给你面子，彼此心照不宣，尽兴而散。

被击中痛处，对任何人来说，都不是件令人愉快的事。尤其是他人身上的缺陷，千万不能用侮辱性的语言加以攻击。

季文景约了几个朋友来家里吃饭，这些朋友彼此间都很熟识。季文景把他们聚齐主要是想借着热闹的气氛让一位目前正陷于低潮的朋友心情好一些。

这位朋友不久前才因经营不善结束了一家公司的经营，妻子也因为不堪生活的压力正与他谈离婚的事。内外交困，他实在痛苦极了。

来吃饭的朋友都知道这位朋友目前的遭遇，大家都避免去谈与事业有关的事，可是其中一位因为目前发了大财，赚了很多钱，酒一下肚忍不住就开始谈他的赚钱本领和花钱功夫，那种得意的神情连季文景看了都有些不舒服。那位失意的朋友低头不语，脸色非常难看，一会儿去上厕所，一会儿去洗脸，后来还是提早离开了。

季文景送他出去，走在巷口时他愤愤地说："那家伙有本事赚钱也不必在我面前吹嘘嘛!"

季文景非常了解他的心情，因为在十年前他也有过低潮期，当时正风光的亲戚在他面前炫耀自己的薪水如何如何高，年终奖金如何如何多，那种感受就如同把针一支支插在心上一般，说有多难过就有多难过。

因此，与人相处要切记——不要在失意者面前谈论你的得意。

一般来说，失意的人较少攻击性，郁郁寡欢是他们表现的最为普通的一种形态，但别以为他们只是如此。听你谈论了你的得意后，他们普遍会产生一种心理——怀恨。这是一种转进到心底深处的对你不满的反击。

你说得口味横飞，不知不觉已在失意者心中埋下了一颗炸弹。失意者对你的怀恨多半不会立即显现出来，因为他们此时无力显现，但他会透过各种方式来泄恨，例如说你坏话、扯你后腿、故意与你为敌，其主要目的就是要看一看你得意到什么时候。而最明显的则是疏远你，避免和你碰面，以免再听到你的得意之事，于是你不知不觉就失去了一个朋友。

不管失意者所采取的泄恨手段对你造成多大的损伤，至少这是你人脉资源上的危机，对你绝不会有好处的。

就像季文景那位失意的朋友，后来一谈起那位曾在他面前谈论得意之事的朋友就闷声不语，很明显，他们之后肯定再也不会有任何的来往了。

所以，当你有了得意之事，不管是升了官，发了财，或是一切顺利，切忌在正失意的人面前谈论，如果不知道某人正在失意也就算了，如果知道，绝对不要开口。

二、无论怎样，面子还是要给足的

每个人都需要面子，即使自己再优秀，也千万记得给别人留些面子，这样才会被人尊敬，赢得别人的好感，继而拓展自己的人脉关系网。

既然面子是大事，那么如何学会给别人面子就是一门大学问。现实生活中，很多人认为自己很优秀，不需要给别人面子，但是却要求别人给自己足够的面子。

生活中经常有这样的人，帮了别人的忙，就觉得自己有恩于人，于是心怀一种优越感，高高在上不可一世。这种态度是很危险的，常常会引发反面的效果，也就是帮了别人的忙，却没有增加自己人情账户的收入，这是因为这种骄傲的态度把这笔账给抵消了。

古代有位大侠郭解，有一次，洛阳的某个人因为与他人结怨而心烦，多次央求地方上有名望的人士出来调解，对方就是不给面子。最后他找到郭解，请他来化解这段恩怨。

郭解接受了这个请求，亲自上门拜访委托人的仇家，做了大量的说服工作，好不容易才让这个人同意了和解。

照理说郭解不负人托，完成了这一化解恩怨的任务，可以功成身退了。可是郭解还有高人一步的棋，更有技巧的处理方法。

“我听说这件事情以前有甚多当地的名门望族都过来调解过，但是因为双方没有能够达成共识所以没有能够解决。我在感谢你给我面子的同时，也很为自己担心。毕竟我是外乡人，在本地人出面都不能够解决问题的情况下，由我这个外人来完成和解，未免会让本地的那些有名望的人感到丢了面子。”

郭解顿了顿，又接着说道，“这件事情请你再帮我一次，从表面上要做到让别人以为我出面也解决不了问题，等明天我离开了之后，本地的几位士绅肯定还会再上门，你把面子给他们，就算是他们完成的这次调解。”

每个人都有自己的面子观念，这关系到自己的尊严和地位。如果一个人剥掉了别人的面子，那么别人的自尊心肯定就会受到伤害。如果你遇到的人恰好又是一个心胸狭窄的人，那么你就等于给自己树立了一个敌人。

人人都爱面子，你给人面子就是给他们一份厚礼。有朝一日求人办事，人家自然也会给回面子。所以每个人都要注意，千万不要在公共的场合使别人难堪，必须时刻提醒自己不要做出任何有损他人颜面的事情。只要你有心，只要你处处留意给别人面子，你将会获得更大的面子。

因此，在与人交往时，要学会给别人面子。只有你给了别人面子，你才会有面子。即使你拥有了很高的名誉和地位，也千万记得给别人留些面子，这一点非常重要。因为给人面子就相当于积攒人情，当你的人情积攒到了一定的程度的时候，你的人脉资源难道还怕不够雄厚么？

三、我给你面子，你给我机会

好的人际关系是决定一个人成功的众多因素中很重要的一点，良好的人际关系可以让你成功的几率倍增，而且也对于一个人的成功起着决定性作用。那什么又是影响人际关系的因素呢？面子问题就是其中之一。

是否懂得给人面子，能够影响一个人的人际关系的好坏。学会适时适地地给别人面子，会让你的人脉关系网受益很多。

李继涛是一家木材公司的推销员，他与那些冷酷无情的木材审察员打了很多年的交道，常常会发生一些口角。虽然他最后总是可以凭借自己的专业知识占了上风，但公司却还是会或多或少地赔一点钱。为此，他决定改变策略，低调行事，不再同别人发生口角，而是要委婉含蓄地说话。

一天早上，李继涛办公室的电话铃又响了。他接起电话，只听电话那头一个人气急败坏地在电话里大吼，说是李继涛给他的工厂运去的一车木材经检查都不合格，现在他们已停止卸货，要求李继涛立即去把那些货从他们的货场运回去。

李继涛被这个人一吼，本来是要发火的，可是他转念一想，便冷静下来，耐心地向对方询问具体的缘由。

原来他们在木材卸下四分之一的时候，来了一个木材审察员。那个木材审查员看了这些木材之后，报告说这批木材低于标准50％。鉴于这种情况，他们拒绝接受木材。

李继涛挂掉电话，立刻动身前往那家工厂，一路上他一直思考着怎样才能用最妥当的方法解决这个问题。按照他以前的做法，在这种情况下他一定会找来判别木材档次的标准规格，然后利用自己的专业知识据理力争。

可是那样，虽然根据自己做了多年木材审察员的经验与知识，力图使对方相信这些木材达到了标准，错的是对方，但是最后的结果可能还是像之前一样，害得公司又失去一家合作伙伴。于是这次他决定改变做法，打算用新的低调原则去处理这个问题。

李继涛匆忙地赶到场地后，看见对方的采购员和审察员一副趾高气扬的神态，好像摆开了架势，准备要和他吵架的模样。但是李继涛并没有让他们如愿，他一句话都没说，而是跟那个采购员和审查员一起走到卸了一部分的货车旁，询问他们是否可以继续卸货。

“你的货有问题我们还卸什么啊！”对方的态度蛮横无理。

李继涛还是很平静，他说：“这样我可以看一下情况到底怎样，不然我们也没有办法处理。”

既然如此，对方也不好拒绝，于是就照着刚才那样把要退的木材堆在一边，把好的堆在另一边。

看了一会儿，李继涛就发现了问题所在。原来对方的审查员审察得过分严格，判错了标准。因为这种木材是白松，而审察员对硬木很内行，却不懂白松木的标准。

白松木恰好是李继涛的专长，所以李继涛在心中暗暗规划了一下待会应该如何行事。

李继涛并没有直接表示反对他的木材分类方式，而是一边观察，一边问几个问题，并告诉他说他们完全有权把不合格的木材挑出来。这种友好的态度让这几位审查员感到很有面子，从而也改变了态度，变得热情了起来。他们之间的紧张开始慢慢消除了。

渐渐地，李继涛婉转地、循序渐进地指出有关白松木的一些问题。由于审察员的态度已经缓和了很多，所以最后审查员承认了自己对白松毫无经验的事实，并且接受了全部木材。

就这样，李继涛顺利地拿到了全价的支票。

处理面子问题是很需要技巧的一件事情。给了别人面子，自己也有了机会。如果李继涛也是一副得理不饶人的态度，开始用自己的知识对审查员据理力争，那么结局肯定是一个，那就是让审查员丢了面子，那李继涛也别想拿到自己的支票。

不要觉得这样低三下四或者抬不起头，想想哪一个人在成功之前不都是要学会放低身段、积攒人脉吗？只有你以这种谦卑的态度给人做一个顺水人情，别人才会觉得你真诚也会感到自己赢得了莫大的面子。这样自己就能从中获得极大的好处，达到自己的目的。

第二节　交浅不必言深

许多人有一个共同的毛病——肚子里搁不住心事。这些人只要有一点点喜怒哀乐之事，就总想找个人谈谈，更有甚者，不分时间、对象、场合就把心事往外掏。自己痛快了，却不料得罪了身边的人，不但毁了自己的形象，还毁了自己的人脉。

如果一个人可以在保守秘密这个问题上处理得当，就不会因泄露秘密而把事情搞得复杂化，也不会使自己陷入身败名裂的境地，从而保持一个良好的个人形象，最终就有机会成就一番事业。

一、“事无不可对人言”其实是骗人的

谁都不愿意和一个“大嘴”的人做朋友，因为和这样的人交朋友，让人一点安全感也没有。可想而知，那些见谁都掏心窝子的人，必然不会有太好的人脉网。

一个心理成熟、懂得社交技巧的人，绝对不会和初次见面的人就“畅所欲

言”的。或许人们会认为这样的人狡猾、不诚实，但是这的确是为人处世最基本的自我防护。毕竟说话是要看人的，并不是每个人都是真的值得托付的人。

一个人要懂得如何细心呵护自己隐私的领域，可是想要维护隐私不被人窥探本来就是一件很困难的事情，总是有一些人会因为一时的心直口快，或是某些虚荣、卖弄的心理，而不经意间透露了秘密，这不仅对自己造成了伤害，也同样会让自己蒙受损失。

应该知道在什么时候、以怎样的方式来回避言语中的禁忌。很多话不能直言不讳，只能婉转地表达，私下交流而不能够当众说出来。而且，最重要的就是，该说的说，不该说的绝对不要说。

宋慧雯上大学之后违背了父母的意愿，放弃了医学专业而专心于创作。一次偶然的机会，他遇到了知名的专栏作家李耀华，基于对文学的爱好，他们两个人成为了朋友。宋慧雯经常会去请教李耀华。

不久之后，一张刊登了宋慧雯写的文章的报纸就送到了她父母的手里。

对于李耀文给予自己的帮助，宋慧雯铭记于心，有什么事情她总是叫上李耀文，甚至把李耀文介绍给了自己所有的朋友。

但是，她却并不知道此时李耀文正面临着不为人知的困境，此时他已经拿不出什么好的作品了，创作灵感几乎要枯竭了。而这个时候宋慧雯却把自己最新的创作计划毫无保留地告诉了李耀文，李耀文心中闪过了一丝光亮。他仔细听着，不住地点点头，心中不禁产生了一个念头。

不久之后，宋慧雯就在报纸上面看到了她构思的创作，文笔优美清新，但是最后的署名却是“李耀文”。宋慧雯痛苦极了，其实如果当时李耀文给她打一个电话，解释一下，或许宋慧雯还是能够原谅他的，但是她整整等了他三天，也没有任何音讯。

从那以后两个人就断了联系，有一次宋慧雯在图书馆里碰到了李耀文，但两个人仿佛陌生人一样擦肩而过。

很多时候，保守秘密对一个人来讲并非一件容易的事情。一个人心中存的秘密太多了，不论这些秘密是自己的，还是别人的，都会萌生一种对人倾诉的欲望。把所有的事情都憋在心里，时间久了就会非常憋闷。不然当初为什么朋友要把秘密告诉你呢？正是因为这种想要对人倾诉的压力。

然而，这个时候也正是对一个人耐心的考验。

每个人的内心都有一块领域，那里盛放着无数的或大或小的秘密。有的人这块领域稍微宽广一些，于是就可以盛放多一点的秘密而不会溢出来；而有的人这块领域就稍微狭窄一些，所以并没有放多少事情就已经开始外泄了。

想要让自己的人脉圈更稳固、更广泛，就必须深谙为人处世之道，懂得对秘密守口如瓶。这种人会受到大家的尊重和信任，收获更多的朋友。如果不能做到这一点，别说收获朋友了，就连已有的朋友都可能失去。

有一次，老板在没有问清楚缘由的情况下就开始对他的下属赵思思发脾气，委屈的赵思思被说得直哭……

下班之后，平时关系不错的同事王春梅就找到赵思思，请她吃饭，吃饭的时候赵思思忍不住诉说了自己今天的遭遇。

王春梅听了之后说："老板今天太过分了，他太喜欢乱发脾气了，你别往心里去，我们是好姐妹，不希望看着你伤心流泪。"

赵思思刚刚平复的心情一下子就乱了，眼泪掉了下来，"你说这件事情怎么可以怪我呢？平时什么事情都是我安排给下面的人来做，总得有个安排过程吧。他想起这件事情就要我立刻交出结果，我能怎么做呢？"

王春梅赶忙安慰说："唉，谁让他是你的老板呢，老板一不高兴，说不定连薪水都不会发给你，还是忍着吧。"

赵思思一听这话就哭得更伤心了，“怎么忍啊，他也不弄清楚事情的事实就乱骂人，谁也受不了啊。别看他在我们面前耍威风，那天我逛街看见他跟一个年轻女人非常亲密，一定是在外面养了个小情人，哼，都这么老了还这么色！一天到晚就知道对我们这些下属发脾气，太没有老板的样子了！对了，这事儿你可别对别人说。”

王春梅安慰赵思思：“你放心吧，我不会乱说的。”。

一个星期之后，赵思思突然接到通知，马上收拾东西，她被调到储运部门去清点库存了。

赵思思为什么突然被调到储运部门？难道是因为老板上次对赵思思发脾气？当然不是，原因就是赵思思在吃饭的时候说的秘密被王春梅不小心说了出去，结果一传十十传百，很快公司里就传遍了。

王春梅知道是自己不小心犯的错，好几次去请求赵思思原谅。但是知道事情原委的赵思思很生气，再也不和王春梅说话了。同事们也渐渐疏远了王春梅，因为他们怕哪天自己的秘密也被她不小心说出去。

一不留神，王春梅不但因为自己的“大嘴”而失去了一个朋友，还毁了自己的人脉。

很多秘密看起来都是无关紧要的，你认为说出来也无伤大雅，而且还能释放心中的积郁。可是“汝之蜜糖、彼之砒霜”，很多时候你因为暴露了秘密而换来了倾诉的快感，但是却有可能为自己带来不知所措的尴尬局面。你认为无足轻重的事情，很有可能一说出口就变成了事关重大的要事。

想要赢得别人的信任，很重要的一点就是要能够保守秘密。不仅是要保守好自己的秘密，而且更要为朋友保密。如果你真的很珍惜、很在乎自己和朋友们的友谊，就要管好自己的嘴巴。这样子才能够赢得别人的尊重，得到更多信任你的朋友。

正所谓“话到嘴边留三分”，万万不能轻易说出口，说者无心，听者有意，如果说“交浅”的朋友就更莫要“言深”，况且，对于那些“交浅”的人来说，双方鼻息之间都还不算太熟，如果这个时候就去“言深”，难免会让自己处于一个被动的地位。对方愿意真诚相待也就罢了，如果对方心存恶念，那么你就很容易被对方卖掉。

而且，如果你自己都不能够保守秘密，那你又怎么能够要求别人为你保守秘密呢？等到你的秘密被别人泄露出去的时候，或许你就能够明白那其中的滋味了。

二、真正的高手都是深藏不露的

在现实生活中用“藏巧于拙，用晦而明、聪明不露，才华不逞”等韬略来隐蔽自己的行动，可以达到避其锋芒的目的。这就是告诉你，表现得低调些，做事情不过于张扬，要学会隐藏，这样才有人愿意接近你、帮助你，这才是经营人脉的大智慧。。

如果泄漏“天机”，就会让对手警觉，就会过早地把目标暴露出来，成为对手攻击和围剿的“靶子”。这样对你的人际交往不会有任何的帮助。保护自己的最好方式就是不暴露，学会深藏，尽管这样做会有损失，却能避免更多不可预知的风险，让你的人际交往更加顺利。

马一雄在一家广告公司负责文案和创意的工作。名牌大学广告专业高材生的光环与多年从业的经验令他对自己的广告创意充满了自信，压根听不进去别人的意见，更不能容忍别人对他的创意说三道四。一次，在某个知名品牌手机的广告方案研讨会上，广告主对他的方案提出了质疑。马一雄对此十分恼火，说对方就知道卖东西，根本就不懂创意，一点艺术修养都没有。这句话招致了对方的反感，取消了与他们公司的合作。

年初，公司要选送广告作品去参赛，马一雄的作品也在候选之列，但是最终一位新人的作品被敲定。马一雄找到创意总监兴师问罪，还为此一连请了数天的病假。

其实马一雄的作品创意不错，几次不愉快的经历是因为他表现得太过锋芒了。过分的强势反而会威胁到自己的前程，不如选择合适的时机示弱，做一个顺水人情，把机会主动让出去，也落得一个提携后辈的名声。这样也可以给上司一个回旋的余地。

可是他偏偏不懂这个道理，只知道和别人较劲，最后，把单位的人都得罪光了，亲手把自己的人脉网给毁掉了。没过多久，他收到了解聘通知。

法国哲学家罗西法古说："如果你要得到仇人，就表现得比你的朋友优越吧；如果你要得到朋友，就要让你的朋友表现得比你优越。"这句话很有道理。

为人处事的时候要故意表明自己不是一个高高在上、十全十美的人，让别人对你放松警惕，这样才可以让别人在与你交往的时候松一口气，不与你为敌。

当你表现得非常有优越感的时候，别人就会产生一种自卑感，造成羡慕和嫉妒。但是当别人表现得比自己优越，而你在一旁面带微笑地聆听他们的成就的时候，别人就有了一种重要人物的感觉，这样会让你成为别人的朋友。

在日常生活中，你也许会经常看到有些成功人士表现得谦恭随和、深藏不露。是他们自甘平庸吗？显然不是，而是他们经历了岁月的洗礼之后，更懂得怎样才能获得更多的朋友，而不是敌人。锋芒不必太显露，应适时而露，这才是收获人脉资源的大智谋。

三、逢人只说三分话，未可全抛一片心

在生活中，有些人往往四处指指点点，把自己的各种想法和盘托出。这种人的这种做法是非常危险的，越想让别人知道，就越容易引起别人的不满，就会破

坏自己的人脉。

在交往过程中，该糊涂时不妨灵活地糊涂一下，对于各种话题都有所保留，这才是经营人脉的好办法。

相传，古时候有一个人名叫服子，是个人才。有一次，他的朋友向他推荐了一个人，服子见了之后，却对这位朋友说，这个人有三个缺点。

首先，他见人就笑，说明他的为人不够严谨，凡事都不够严肃；其次，你看他说话的时候，从来没有提过自己的老师，而是一个人在那里夸夸其谈，说明此人非常不懂得礼仪；最后，交浅言深，服子跟他是通过别人认识的，本来两个人就不熟悉，他见到服子之后，却什么都跟他说，也不了解一下服子是一个怎么样的人，这样的人肯定会祸从口出，

这样的人不可深交，试想，下次他见到别人之后，同样可能把他和服子之间的事情和盘托出，虽然他是无心，但是听者说不定有意。所以，服子劝那个朋友也还是早点从这个人身边离开。

所以，在与别人交往中，不要知道什么都说出来，而是要学会该装糊涂时候就糊涂，这才是大智慧。

可是生活里就是有些人心里放不住话，不论是听到了什么或是看到了什么，就立刻去到处传播。中国有句古话，“病从口入，祸从口出”，很多的是非往往就是因为这样多嘴多舌的人所造成的。

孔子曰：不得其人而言，谓之失言。有的时候你只说三分话，也是出于你的职业道德。如果是做医生的，特殊病人的状况、病历等资料，就连一个字都不能向人提及，这就是医生的职业道德；如果你从事的是保密工作或者特殊的行业，更是应该注意不能向别人透露任何工作上的事情。而你平时所说的话，尤其是些无关紧要的话题，这样无论说得多么头头是道，说得多么淋漓尽致，说得多么皆

大欢喜，其实都是无关紧要的，不会引来什么麻烦。

言必契理、言可承领、言则信用。语言是传达感情的工具，也是沟通思想的桥梁。“一句话能把人说跳，一句话也能把人说笑”。有的人善于用语言来表达情意，一席话就能使人心情舒畅，有的人则不善于以语言来表达，一讲话就使人误解，俗话说“良言一句三冬暖，恶语伤人六月寒”，因此，要想在人际交往中应对自如，就应该懂得说话的艺术。逢人只说三分话，不可全抛一片心，这样才能够在人际交往中保护自己。

第三节　说话有分寸

在现实生活中，能够接受他人批评的人并不少，但是由于批评或建议者的方式方法不对，导致批评建议不被接受甚至反目成仇的例子也并不鲜见。我们所身处的社会就是这么现实，有时可能就只是一言一语就会断送掉一段友情。

所以，我们无论说什么话，都要考虑到避免即将出现的损失和破坏，而且还希望能够加深两个人之间的友情。开口的时候，一定要考虑好对方当时的情绪和心理状态，在心中简单地设计好自己将要说的话语，以免一时的心直口快而说出会让自己后悔的话来。使对方心平气和地接受你所说的每一句话，并且对你的友情因此愈发加深，这就是在架设自己人脉网络时所要使用的语言魅力。

一、说话最忌“不过脑子”

冤家宜解不宜结，这个道理不管在生活中还是职场都很重要。有的人说话不过脑子，经常是说完了再想，这样就容易引起误会。一旦产生误会，朋友可能变成冤家，这样不但破坏了自己的人脉，还给自己树立了一个敌人。

有一人请客，四位客人有三位先到。这人等得焦急，自言自语道：“咳，该来的还没来。”一客人听了，心中不快：“这么说，我就是不该来的来了？”告辞走了。主人着急，说：“不该走的又走了。”另一客人也不高兴了：“难道我就是那该走又赖着不走的？”一生气，站起身也走了。主人苦笑着对剩下的一位客人说：“他们误会了，其实我不是说他们……”话未完，最后一位客人也走了。

其实很多时候并非心存恶意、故意恶语伤人，就只是因为太过心直口快，还没有仔细斟酌过自己的言辞是否恰当就已经说出口了。

说话别揭短，嘴上的胜利并不能代表什么。说话也要考虑别人的立场，咄咄逼人对谁都不利。切忌因嘴上的痛快几句而伤害了别人。

也许你真的对很多事看不过去，但记住不要心直口快地插嘴别人的闲事，因为很多闲事都有可能涉及别人的隐私。你也不要自认为自己的想法是很聪明的，事事都要留点面子给别人，否则吃亏的还是自己。

而且在任何时候都不要随便取笑别人，对别人没有礼貌必定要伤害到别人的自尊，你一旦伤害到了别人的自尊，那么你们两个人的人际交往也就相当于画上了休止符。也不要势利眼，谁都不可小瞧，你永远不知道这个人是不是真人不露相，如果因为自己没有眼力而自讨没趣，那对你的人脉网的建立会带来相当不好的影响。

二、说话真的是一门学问

说话是一件很简单的事吗？答案当然是否定的。

如果在说话时不加检点，就可能伤人败兴，引起误解，进而破坏自己的人脉。因此，在说话的时候要注意场合、对象、气氛，不要随意地说。

如果有人问你“你会说话吗？”你一定会觉得很可笑，只要是正常人怎么可能不会说话？可实际上说话这件事情并没有人们想象中那么简单。

生活中我们经常可以见到有的人平时说话一个样，一见到领导说话的方式就立刻变成另一个样子了。事实就是这样，刚才还这样讲，一转脸又那样讲了，感觉上有一点儿像俄国作家契诃夫笔下的“变色龙”那样。

说话这事，孩子不会觉得难，怎么想就怎么说，只有大人们觉得是道难题。那么，如果我们实在想说，如鲠在喉，不吐不快，又不知道该怎么说时，怎么办？这正是我们需要修炼的地方。

中央电视台曾经有过一个很火的节目，叫做《实话实说》。多年后，通过《实话实说》这个节目一炮而红的主持人崔永元谈到了办节目遇到的一些事。

他说，现在世道变了，“文字狱”时代已成往事，说真话已不会闯下大祸，但“说实话免遭迫害，可不一定能免遭伤害”。

《实话实说》栏目请过几百位座上客来侃侃而谈，结果呢？一位座上客因此评不上职称，原因是“喜欢抛头露面不钻研业务”。另一位是研究所副所长人选，因做节目耽误了前程，理由是“节目中的观点证明此人世界观有问题”。一位报社记者参加的节目一经播出，立刻感到了人言可畏，人们说他出风头，什么都敢说，恶心。另一位电台记者回去后被领导审查，认为他一定是拿了许多钱才会那么说。还有一位老年女性在节目中真诚表露了自己的人生感受，结果好多人打听她是不是神经病……

崔永元苦恼地说：“所以连我们自己有时都怀疑，节目到底能做多久？”他也体会到了“人生唯有说话是第一难事”。

说话讲求一些技巧，这是我们需要学习的，但这并不意味着我们可以放弃原则，指鹿为马，曲意逢迎。如果违心地说话，那技巧就变成了恶行。崔永元说得好："也许有一天我们会讨论技巧，我们用酒精泡出了经验，我们得意地欣赏属于自己的一份老练时，发现我们丢了许多东西，那东西对我们很重要。"

可实际上我们有时说话不得不适当地随风转舵、看人下菜、言不由衷，因为这样才能够通过言语稳固我们的人脉圈。

三、不能总是直来直去

对待朋友要真诚，说话拐弯抹角容易给人一种不诚恳的印象。但是在人际交往过程中，却不能总是直来直去，因为并不是每个人都爱听真话的。说话时绕一绕圈子，讲究些策略，不仅可以使你顺利达到目的，还可以使你增加一个谈得来的朋友，丰富自己的人脉。

如果说话总是直来直去，很有可能会得罪身边的人，对自己的人脉造成损害，有时候，说话太直甚至会把命搭上。

比干是商朝第16代王帝乙的弟弟，是纣王的叔叔。比干为人正直，因为不满纣王无道，多次向纣王进谏。

"主过不谏非忠也，畏死不言非勇也，即谏不从且死，忠之至也。"他冒着灭族的危险，连续3天进宫抨击纣王的过错。

纣王被比干批评得无言以对，恼羞成怒地喝问："为何坚持如此？"

比干说："君有诤臣，父有诤子，士有诤友，下官身为大臣，进退自有尚尽之大义！"

纣王又问："何为大义？"

比干答："夏桀不行仁政，失了天下，我王也学此无道之君，难道不怕丢失了天下吗？我今日进谏，正是大义所在！"

纣王听到这里勃然大怒，于是说："吾闻圣人之心有七窍，信有诸？"说罢，命人剖胸取心，比干毫无惧色，慷慨就戮……这就是著名的比干挖心的故事。

当我们决定给他人进“直言”的时候，一定要考虑好对方当时的情绪和心理状态，设计好劝说对方的策略，采取能接受的“批评”方式，使对方心平气和地接受你的意见，并且对你心存一份感激，这样才不会得罪别人，破坏自己的人脉。

劝说他人的过程中，要把握好劝说的时机和对方性格情感的变化，及时调整劝说的策略，让对方潜移默化地接受你的意见，这样，“忠言”就不再“逆耳”了。当你的“忠言”可以让别人听起来很舒服又容易接受时，那么你在人际交往中就获得了更多的筹码，更容易与别人建立稳固的关系。

四、有些话该说，有些话不该说

一句话就可能决定一个机会，甚至决定一个人的一生。说话要掌握分寸，否则很容易得罪他人，给自己留下遗憾。什么叫分寸？分寸就是指说话或做事的适当标准或限度，我们必须学会了解什么话该说、什么话不该说。

人们常说“过犹不及”，无论说话和办事，不到位不行，过火了也不行，要的就是恰到好处。这就像我们平时炒菜放盐，加少了没有味道，加多了无法下咽。

有的人在和人交往的时候不注意说话的分寸，往往会导致说的话别人不愿听，不想听，到最后干脆不听。俗话说见什么人说什么话，说话，是要给听众听的，所以就必须考虑到对方的好恶、情绪和接受程度。

林文瀚是保险公司的业务员，有一天他的一个哥们儿给父亲庆祝八十大寿，于是他就兴冲冲地买好了礼物前去祝寿。

在酒席上，林文瀚先是大大恭维了老寿星一把，然后拿出自己的保险单子，想借机给老人家介绍一下。

老人家不好驳他的面子，于是耐着性子听下去。林文瀚从当前的经济形势谈到了养儿难防老，谈到了老年人易患的多种致命性疾病。老人听着这些不吉利的话心里很不舒服，可是又不好意思表现出来，于是就只能继续听林文瀚介绍，可是表情已经变得很尴尬了。

林文瀚正说在兴头上呢，他的那个哥们儿打断了他，然后客客气气地把他拉到身边，说是要仔细向他咨询一下保险的有关问题。

林文瀚一听特别高兴，刚要继续讲下去，他的哥们儿就趁着别的宾客不注意，一把把他的资料夺了过去，小声说："你先走吧，再不走我可要跟你急了!"

简而言之，把握好说话分寸要有三个前提，一是要清楚地知道自己是谁，二是要清楚地知道对方是谁，三是要清楚地知道自己想干什么。这三个前提做好了，把握说话的分寸就容易多了。

那么，怎样才能掌握好什么该说、什么不该说呢?

首先要做到的就是"三思而后说"。在交际场合，我们要认真倾听对方的谈话，在倾听的同时开动脑筋，考虑好怎样回答比较得体。

其次，我们要熟知一些谈话的禁忌，避免造成尴尬，如在西方，女士的年龄是不应该问的。在我们的生活中，对方的健康状况、家庭财产、个人的不幸是比较敏感的，对方单位的"秘闻"、关于其他人的流言蜚语最好也不要讨论，在有女士的环境里，最好不要讲荤笑话。

最后，要注意谈话对象的整体素质，最好谈论双方都感兴趣的话题，这样可以有效地避免谈话成了一言堂，或者你说你的、我说我的，最后说到分道扬镳为止。

分清楚什么该说、什么不该说，实际上就是把握住了说话的分寸，也就意味着把握住了交友的机遇，我们的人脉之树才能更加健康。

第四节　真诚不等于傻子

人一旦进入了社会，有了利害关系，就难免因为利益勾心斗角，互设圈套。在这个社会上，人际关系是很复杂的，我们常常看到有很多人设下陷阱，又有很多人掉下陷阱。

在这个社会上打拼，如果把你所遇到的每一个人都想得太单纯，自己就会不知不觉地落入别人的圈套。因此，你应该在与人交往中多多注意，从多方面观察，处处小心，然后避开别人的陷阱，这样才能够在建立人脉圈的时候避免掉很多不必要的麻烦。

一、别不辨君子小人

一般情况下，每个人都希望自己的朋友越多越好，但是你要小心一些人，因为他们有可能让你深陷人际陷阱。

有些人就是唯恐天下不乱，譬如常常在公司散布谣言：今天说“公司裁员”，明天又说“公司债务庞大”，结果弄得人心惶惶。我们在遭遇这种人时，请先问问自己事情的可信度，再决定是否去相信。千万不要轻易就相信，否则，很有可能你也成为另一个谣言散布者。

而且无论你从事什么职业、在哪里工作，难免会遇到一些总是不能令领导满意的人，这些人甚至成为领导的眼中钉。如果你刚刚走上社会，阅历和经验还浅，请记住不要为他们在领导面前求情，因为已经发生的事实肯定是有你不知道的内情。而且，你还很有可能因此被领导讨厌，影响自己的发展。

有些人刚刚和你成为了同事没几天，就把自己的事一吐为快，把委屈一股脑向你说出。在你还高兴此人对你的信任同时，应该考虑到他今天对你倾诉了，明天也同样去找别人倾诉，甚至同样的事跟好几个同事说。他已经遭到别人的反感了，也许是因为没人愿意理他才与你倾诉的。实际上你还并不是他的知心好友，切忌把自己的事也向他一吐为快。

有一些人很喜欢挖别人的隐私、八卦，并把他听到的四处传播。长舌之人很容易影响你和同事之间的友谊。只要你犯了一点小错很有可能就被他们肆意放大错误，甚至传到上司的耳中。所以，一定要对长舌之人敬而远之。

公司中难免有各种各样的人际圈子，而有的人也喜欢拉拢小圈子。职场新人切忌不要轻易就加入了小圈子，因为你进入了小圈子就会和别的大圈子失去很多交流机会。如果这个小圈子有些不好的同事，他们犯错的时候你也很有可能受牵连。

二、小心人脉陷阱

我们生存的这个社会如此复杂，你不应该事事都以自己心中的黑白来论，把自己的规则强加于人。你会因此变得越来越不容易相处，进而周围的人会不自觉地远离你，最终成为孤家寡人。因为每个人都有自己的想法，所以不要期盼所有的事情都会照你的规则进行。太过于黑白分明，常常会被一些人来利用，从而激化同事之间的矛盾。

其次，你一定要管好自己的嘴巴。心直口快虽然会让人觉得你这人很直爽，但是在社会上混谨言慎行更为重要，很多工作上的机密更是要守口如瓶，切忌“祸从口出”。不同的场合，要有不同的语言，要知道什么时候说什么话。否则，很有可能因为你的祸从口出而让自己深陷麻烦。

在发展自己事业的同时事事要以公司大局为重，亮出自己观点的同时更要注意周围人的想法。要知道，即使在你自己的事业中，它也从来就不是你一个人的舞台，没有永远的主角也没有永远的观众。太过于突兀很有可能会被孤立。

最后，还要学会控制自己的情绪。在工作中不要因为自己的负面情绪而影响了工作，更不要在你心情不好的时候向同事发火。你要学会控制好自己的情绪，才能让你在人际交往中顺利。否则，乱发脾气的你可能又是明天的一个排挤对象。

三、你还天真地认为人人都喜欢听真话么?

世界上没有人从来都没说过假话，因为有时假话说得好会产生比真话还好的效应。为了人们许多合理的心愿暂时不被毁灭，假话就开始发挥作用。说假话并不代表你不够真诚，而是一种为了维护你的人际关系的重要手段，所以在必要的时候，即使说了假话也是无可厚非的。

何永辉一生耿直，他憎恶在人脉交往中有任何作假。他一直倡导人与人之间应该坦诚相待，但是他渐渐发现坦诚在许多时候会碰得头破血流。为此，他在生活中付出了沉重的代价，并终于有所醒悟。他痛苦地发现自己竟找不到一个可以倾心交谈的人，连妻子和儿女也已离他远去。很多时候，交际并不需要真实。

最后何永辉只能把自己的新想法写在日记上，讲给自己听。他这样说："我到现在才相信，人与人相处是没有绝对诚实的。有时候，假话和假象更能促进友情和爱情。"

后来何永辉的一个邻居——一位涉世未深的青年向他倾诉苦衷。这个邻居从小受到诚实的熏陶，可是走上社会不久，已经因为几句真话屡遭白眼了。他希望何永辉作为长者，可以从自己多年累积的社会经验中替他找出原因。可是这样的问题绝不是三言两语所能说清楚的，何永辉自己都为之付出了几十年的代价。

何永辉考虑再三，最后干脆只给了他两句话。"当我的父亲与我探讨家庭大计时，我决不会说假话；而当我的母亲因病重将不久于人世时，我会对她说：

‘没关系，医生说你马上就会好的。’”

这就是说真话和说假话的区别。

假话，在积累人脉资源的过程中几乎是不可缺少的，假话是保持善意的一种必要的交际策略。

有些人宣布自己从来不说假话，这句话本身就一定是假话。

当我们得知亲戚病重，当我们获悉朋友遭难，我们就时常会说一些与实际情况不完全相符的假话。在这个意义上，世界上没有不说假话的人。许多假话在形式上与人际间真诚相处不相一致，但在本质上却吻合于人的心理特征和社会特征。人都不希望被否定，人都希望猜测中的坏消息最终是假的。为了人们许多合理的心愿暂时不被毁灭，假话就开始发挥作用。

真正能说好假话并不比说真话容易，首先我们应消除对假话的偏见和犯罪感。这样，我们才能把假话说好。

只要我们心存善意，把假话仅作为交际的一种策略，这是美丽的假话。它是在善意基础上交际的必要策略。这同丑恶的假话，同以不可告人的目的编造的假话相比，两者有着本质的不同。

第五节　没有人真的可以“人见人爱，花见花开”

在人生的路上，做人做事想面面俱到，不得罪任何人，又想讨好每一个人、做好每一件事，那是绝对不可能的。因为人的性格、成长环境、社会经历都不同，不可能所有人都能认同你。在得不到别人认同的时候，只要你自己没有做错，对自己有自信，坚持自己的信念，做到被绝大多数人接受就可以了。

一、做人做事不必面面俱到

有很多人做事追求完美，在拓展人脉的时候也是如此，总是希望能和所有人建立联系、保持好关系。结果就是，自己活得太累不说，还总是有人对自己不满意。其实，这样做是完全没有必要的，人事不可能完美的，做人做事不需要面面俱到，你不可能令所有人满意的。如果我们在与人交往的过程中过分执著于面面俱到，往往就有可能会适得其反。

一天，父子俩赶着一头驴进城，子在前，父在后，半路上有人笑他们："真笨，有驴子不骑！"父亲觉得有理，便叫儿子骑上驴，自己跟着走。走了不久，又有人说："真是不孝的儿子，竟然让自己的父亲走路！"父亲赶紧让儿子下来，自己骑上驴背。

走了一会，又有人说："真是狠心的父亲，自己骑驴让孩子走路，不怕把孩子累死。"父亲赶紧让孩子也骑上驴背，这下子总该没人有意见了吧！谁知又有人说："俩人骑在驴背上，不怕把那瘦驴压死？"父子俩赶快溜下驴背，把驴子四只脚绑起来，一前一后用棍子扛着。经过一座桥时驴子因为不舒服，挣扎了一下，结果掉到河里淹死了！

很多人做人做事就像上述故事中所讲的父子，人家叫他怎么做，他就怎么做。结果呢？大家都有意见，都不满意。

在做人方面，你不可能顾及到所有人的面子和利益，你认为顾及到了，别人却不那么认为，甚至根本就不领情；在做事方面你也不可能顾到每一个人的立场，每个人的主观感受和需要都不同，你要让每一件事情都满意，事实上就会有人不满意！

为了面面俱到，反而把自己累死。因为你总是怕对方不满意，还得小心翼翼，察言观色，揣摩他的心事，这会给你带来很大的心理负担。而别人摸透了你的弱点，便会软土深掘，得寸进尺地索求。而你呢？就变成了人人看不起，白白为人做事的奴隶了

那么怎么才能让大家尽量满意呢？做你应该做的！也就是说，你认为对的，你就不要动摇地去做，参考别人意见时要看意见的本身，而不是看别人的脸色。这么做有时确实会让一些人不高兴，但如果你不受动摇，就可赢得这些人事后的尊敬，毕竟人还是服从公理的，除非你的坚持是为了私心。

这么做，会有人称赞你，也会有人骂你，但如果你想面面俱到，恐怕结果就和那对父子的结果一样，总是不能令别人满意。

所以，做人做事不必苛求面面俱到——因为总有人会不满意你！

既然如此，你需要做的就是要做好自己，尽全力维护好自己已经把握的那部分人脉关系网，以免在过分追求面面俱到的时候弄巧成拙，顾了东头顾不着西头，反而让自己已经建立起来的人脉网出现漏洞。

二、做好你自己

在工作或是生活中你会遭遇各种各样的人，每个人的个性、喜好都不尽相同，所以你不可能令所有人满意。如果你做的事情是正确的，那么你就做好你自己就可以了。

领导做什么都带上自己，吃喝都叫上自己，有的领导甚至家事都想到自己，这真的是什么好事儿吗？你认为既然领导已经发话了，帮个忙也无所谓。你这样做的时候，并不要期望自己就真的是领导的好朋友，不该你做的事都让你做，你最后就是个领导保姆。并且，一旦你出了什么事，领导也不一定会为你说话，因为他要顾及所有人的利益，不会为了你而失去其他人的信任。

同事间多少都存在着一些利益关系，今天你跟他交心，明天他就很有可能出卖了你。人在利益面前总是自私的。他出卖了你以后可以得到比跟你交往更大的利益时，他当然会选择出卖你。

不管是男人还是女人，谈论他人的私事必将落得“长舌妇”之名。人家对象干什么的、拿多少钱都于你无关。她离婚多少次，为什么离，现在又跟谁好也与你家的柴米油盐无关，你不用费心。

今天你暴露了别人的隐私，明天你自己也逃不了被别人大话隐私的命运。如果你天生就喜欢打听别人的隐私和绯闻，那你更适合成为“狗仔队”的一员。

面对令人讨厌的不良风气，请绝对不要去附和，或者干脆走开。因为你的行为就表明了你对此类事情的立场，你用行动严肃地告诉了他们你不喜欢。如果你加入他们了，那你自己也就成了那样的人。

工作中难免会有些人会令你厌恶，但是，请你记住无论你是多么痛恨一个人，都请不要在他面前表现出你对他的厌恶。更不要跟你的同事讨论那人是多么令人讨厌，说中伤他人的话等。如果表面的“友好”都无法维持，那你的工作将会受到很大阻力。即使你已下定决心要跳槽，甚至已经成为其他单位的职员，还是不要轻易破坏你与这个单位表面上的和谐。

工作上做好自己应做的事，当别人请求你的帮助时你也可以伸出援助之手，但请明白，并不是你做得越多就越多人感激你。你无限的付出在一些人的眼里，不过是免费劳动力而已。他们并不会心存感激，反而会变本加厉地指示你。

因为接触的人多、事也多，所以你在社会上奋斗不可能都如你所愿。我们建立人脉的目的，也只是为了让自己的事业、生活都更加顺利而已，多一个朋友就多一条路，但是人的精力、能力都有限，所以人脉的建立也是需要量力而为的，只要不违背原则，好好地做好自己就好了。

三、不要苛求所有人都喜欢你

情绪控制，对于每个人来讲都很重要。碰到工作上的困难、阻挠都必须要学会积极面对，掌控好自己情绪，才能更好地在与人相处时营造出一个和谐的氛围，这样无论对于你还是对方，都是一个良好的交流机会。

很多时候控制不好情绪会乱很多事情，用积极的情绪去感染别人。不管是做事还是做人，都需要对自己的情绪收放自如，站在大局角度考虑，什么时候该有什么样的情绪。一定要有积极进取的心态，其实经历得多了，很多事也比较容易看透，一件事发生后就看到了这件事背后的原因。

如果你是一个员工，那么就要以解决问题的心态来看待问题，不要想着让上司来帮你解决问题，你的角色是帮上司排忧解难，而不是给上司设置困难，让上司给你做问答题。

更不要苛求每个人都喜欢你，但要做到让别人需要你。不要做一把鼻涕一把眼泪的事，那都是不成熟的表现。

人都是社会的动物，这似乎注定了人人都必须处理好人际关系，但是经过一番努力你会发现往往是事与愿违。因为，世上没有完美无缺的事，更没有完美无缺的人际关系。因为人人都有他自己的想法、习惯、作风等等属于自己的不能被别人理解或是完全接受的个性，这是属于个人自己的个性，这些个性只能缓和而不能消除，这就是人际关系的症结所在，这样一个矛盾是客观存在的。

所以，在你明白了这点以后就不要对人际关系有太多苛求。即使你的出发点是好的，但是偶尔与同学朋友或同事发发火也是正常的。你也是正常人，不可能要你为了别人而包容一切，你也需要表示自己的不满，你也需要偶尔发泄一下，你不能总是当调解者和受气桶。

不要奢求更不要苛求每个人都喜欢你，这是处理人际关系很重要的一点。俗话说：“人非圣贤孰能无过！”你总避免不了与人有过节或是与人争执不休的时候，或是你让别人生气的时候，那样人家不喜欢你是很有可能的事，如果真有人为了一点鸡毛蒜皮的小事而与你有隔阂，那这样的朋友维持一般也就罢了，总之，无愧于心即可！

要处理好人际关系还有很重要的一点就是，在各个方面不断地提高完善自己，多为别人着想，从别人的角度看问题。

最后要说的是，做什么事情都要多多努力，在人际交往中运用之前提到的各种技巧，规避那些人脉圈的陷阱与地雷，那么你在建立自己的人脉关系网的时候就会更加顺风顺水，你的人脉资源也会不断地丰厚起来！

参考文献

[1] 张笑恒. 人脉读心术——瞬间读懂他人内心的“人脉心法”. 北京：台海出版社，2011

[2] 忠实. 职场厚黑学. 北京：北京物资出版社，2008

[3] 李尚隆. 人脉即财脉. 武汉：武汉出版社，2009

[4] 刑东. 人脉就是命脉. 长春：时代文艺出版社，2009

[5] 陈玮. 人脉圈. 江西：江西人民出版社，2010

[6] 张超. 人脉是设计出来的. 长春：北方妇女儿童出版社，2011

[7] 李宗吾. 厚黑学——活学活用. 北京：中国农业出版社，2008

[8] 李元秀. 为人处世厚黑学. 呼和浩特：内蒙古人民出版社，2009

[9] 陈三桥. 说话办事，恰到好处. 上海：东方文艺出版社，2008

[10] 管霞. 活学活用厚黑——识人、用人、管人. 北京：中国物资出版社，2008

[11] 杨波. 待人用人，恰到好处. 北京：当代世界出版社，2005

[12] 宿文成. 厚黑学. 河北：延边人民出版社，2008

[13] 何者明. 处世交友，恰到好处. 北京：当代世界出版社，2005

[14] 赵文明. 做人的心计. 北京：金城出版社，2006

[15]（美）鲍勃·比汀. 人脉，陈科科，译. 北京：北京理工大学出版社，2011

[16] 龙柒. 30岁前建人脉，30岁后赚大钱. 北京：中国画报出版社，2011

[17] 郭腾尹. 人脉是画出来的. 北京：北京大学出版社，2008

[18] 翟文明. 超级人脉术. 北京：华文出版社，2010

[19] 石赟. 人脉决定前途. 北京：中国妇女出版社，2010